ワークシート・事例で学ぶ

融資判断力をアップする稟議書の作り方

㈱長野企業コンサルティング代表
山越輝雄 著

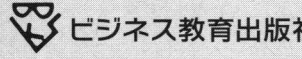
ビジネス教育出版社

はしがき

　今日、金融機関の本来業務、中でも収益の柱となる融資業務の意思決定は稟議制度によって行われています。この稟議書をいかに説得力のある内容に仕上げるか、決裁権限者である支店長や本部所轄部門が正しい判断を行うことができる貸出稟議書を作成できるかは、長期的に金融機関の業績を左右し、担当者・担当店の評価に直結することになります。

　この意味において、金融機関の職員の皆様が「稟議制度についての正しい理解」と「説得力ある貸出稟議書の作成」について学ぶことは非常に意義のあることです。

　本書の前半においては、貸出稟議書を作成するうえで理解しておくべき基本的な事項と、運転資金・設備資金など資金使途別に検討すべきポイントについて解説し、それらをどのように貸出稟議書に表現するか、事例を使って説明しました。

　なお、ここ数年、不況の長期化、財政難による公共投資の削減、労働人口の減少等の深刻なマイナス要因に加え、経済環境の変化とグローバル化が急速に進行しており、取引先企業の将来像がつかみにくい状況になっています。こうした傾向は、資産背景や資金力に乏しく、企業業績が景気や大手発注先の動向に左右されざるを得ない中小企業者において、より一層顕著に表れています。

　ひるがえって、金融機関の融資審査の現状に目を向けてみると、現在は、かつてのように地価の安定的上昇を前提とした、担保・保証に依存した融資判断は困難な状況になっており、融資先の実態を深く理解し貸出稟議書に正しく織り込むことが、従来にもまして重要になっています。

　取引先企業の実態を正しく把握できていれば、貸出稟議書の「所見」欄に重要なポイントを絞り込み、説得力ある内容を記載することができます。しかし、実態把握が不十分であれば、どんなに稟議書の仕組みを理解し文章力を高めたとしても、表面的には立派でも内容の乏しい稟議書になってしまい、決裁権限者が判断に迷うことになります。

　また一方、担保保証は堅実な融資管理を行ううえで欠かすことのできない重要な要素ですが、今日のように不動産価格の下落が完全に止まっていない状況下においては、この「担保依存」が企業融資の足かせとなり、資産背景に乏しい中小

企業を担保面の要件において融資対象から排除することになるケースすら生じています。

　こうした状況は金融庁・中小企業庁も十分承知しており、「リレーションシップバンキング」や「担保・保証に過度に依存しない融資の推進」を打ち出し方向性を示しています。

　しかし昨今、私が金融機関の職員の方々に接して感じることは、事業性融資の基本である「取引先企業についての実態把握」が、「以前に比べやや弱体化しているのではないか」ということです。

　リレーションシップバンキングならびに担保や保証に過度に依存しない融資を実践・定着させるためには「中小企業の決算書に表れていない実態」を正しく理解することが非常に重要です。

　なぜなら、中小企業の多くは、現状（決算実績数値）の延長線が必ずしも当該企業の将来像にならない可能性が高く、企業の将来像を予測しにくい面が多々あり、金融機関による実態把握が不可欠なためです。

　そこで本書の後半においては、取引先企業の実態把握にかかわるポイントについて、多くの事例を用いてわかりやすく解説しました。

　本編を学ぶことによって、金融機関の皆様、特に若手職員の皆さんが担当先企業の実態を深く理解し、説得力ある貸出稟議書を作成する力を身につけ、実践することによって、所属金融機関の業績向上に加え地域経済の振興に力を発揮していただくことを切に願うものです。

㈱長野企業コンサルティング代表　山 越 輝 雄

融資判断力をアップする
稟議書の作り方

CONTENTS

第1章　貸出稟議書の意義と役割

1．貸出稟議書とは、そしてその役割とは？……………………………………12
 (1) 稟議制度とは？　12
 (2) 貸出稟議書の機能　12
 (3) 稟議制度（決裁）の特徴と対応　14
 (4) 本部稟議と店内稟議　15
2．貸出稟議書の作成——申込みから決裁まで…………………………………18
 (1) 貸出稟議書の決裁プロセス　18
 (2) 貸出稟議書の構成　20
 (3) 貸出稟議書に記載すべき基本的項目　22
 (4) 所見（担当者意見・営業店意見）　32
   事例 「所見」欄の記載　38

第2章　貸出稟議書の作成から決裁までのポイント

1．良い貸出稟議書の条件…………………………………………………………46
 (1) 読みやすい内容であること　46
 (2) 採否の判断を行うために必要十分な事項が記述されていること　47
 (3) 十分な時間的余裕をもって提出すること　47
2．良い貸出稟議書を作成するコツ………………………………………………48
 (1) 読み手は誰かを意識して書くこと　48
 (2) 本部決裁の特性を踏まえて対応すること　48
 (3) 受付時における注意事項　49
 (4) 新規融資先に対する対応・心構え　50
3．担当者の対応（姿勢）…………………………………………………………54
 (1) 渉外（得意先）担当者に求められる対応　54

(2) 窓口（融資）担当者に求められる姿勢　55
4．不十分な貸出稟議書 59
　(1) 不十分な貸出稟議書の例　59
　(2) 新人や若手担当者が陥りがちなミス　60
　(3) 渉外担当者が陥りがちなミス　61
　　事例 渉外担当者の貸出稟議書　64

第3章　稟議種類ごとの検討事項と記載上のポイント

【定型的な貸出稟議書】

1．申込金額の算定 72
2．経常運転資金 73
　(1) 経常運転資金とは　73
　(2) 経常運転資金の調達と返済　76
　(3) 経常運転資金のチェック　77
　　事例 経常運転資金の算定　78
3．増加運転資金 80
　(1) 増加運転資金とは　80
　(2) 増加運転資金の発生要因　80
　(3) 増加運転資金の調達と返済　81
　　事例 増加運転資金についての貸出稟議書　82
4．決算資金 88
　(1) 決算資金とは　88
　(2) 貸出稟議書記載のポイント　88
　(3) 返済財源と返済方法　89
5．季節資金 90
　(1) 季節資金とは　90
　(2) 稟議書作成におけるチェック項目　90

CONTENTS

　(3)　返済財源と返済方法　　91

【個別案件についての稟議】

1．在庫資金 ……………………………………………………………………… 92
　(1)　備蓄資金　　92
　(2)　滞貨資金　　93
　　事例　滞貨資金の申込み　　95
2．減産資金 …………………………………………………………………… 100
　(1)　減産資金とは　　100
　(2)　減産資金採り上げの判断　　100
3．つなぎ資金 ………………………………………………………………… 102
　(1)　つなぎ資金とは　　102
　(2)　つなぎ資金のチェックポイント　　102
　　事例　つなぎ資金　　104
4．赤字資金 …………………………………………………………………… 110
　(1)　赤字資金とは　　110
　(2)　赤字資金のチェックポイント　　110
　(3)　返済財源と確認ポイント　　110
5．長期運転資金 ……………………………………………………………… 112
　(1)　長期運転資金とは　　112
　(2)　返済財源と返済期間　　112
6．設備投資資金 ……………………………………………………………… 113
　(1)　設備投資資金とは　　113
　(2)　設備投資資金のチェックポイント　　113
　(3)　設備投資効果の判定　　115
7．多店舗展開企業の出店資金 ……………………………………………… 116
　(1)　多店舗展開企業の出店資金の意義と必要性　　116
　(2)　店舗建設費用の妥当性　　116
　(3)　返済財源　　116
　(4)　新店舗の業績予想（目標売上高達成可能性の判断）　　117

　　　　[事例] 小売業の経営指標の見方　118
8．他行肩代り資金……………………………………………………………… 120
　(1)　肩代りの経緯と動機　120
　(2)　融資にかかわる対応で金融機関と企業に不和が生ずる要因　121
9．起業（創業）資金…………………………………………………………… 122
　(1)　起業（創業）融資開拓の必要性　122
　(2)　起業（創業）資金のチェックポイント（稟議上のポイント）　123

第4章　説得力ある稟議書の作成に必要な事業実態の把握

1．製造業の実態把握…………………………………………………………… 128
　(1)　現場訪問の必要性　128
　(2)　事前準備　129
　(3)　在庫管理に関する調査　131
　　[事例1] 在庫の動きに着目した汎用部品メーカーの事例　133
　　[事例2] 在庫の動きに着目した下請けメーカーの課題発見　136
　(4)　生産現場の訪問　141
　(5)　生産ラインの分析　142
　　[事例3] 従業員の定着率　144
　(6)　生産計画・生産管理　146
　(7)　採算管理の重要性　147
2．海外現地法人の実態把握…………………………………………………… 149
　(1)　実態把握にあたって注意すべきポイント　149
　　[事例1] A社現法幹部へのヒアリング　151
　　[事例2] B社現法幹部との面接　151
　　[事例3] 海外生産移管と連結損益の計算　152
　(2)　海外現法の財務諸表分析　153
　　[事例4] 現法が付加価値の低い受注を行っているケース　155
　(3)　海外現法の製造体制および生産管理面の検討　156

CONTENTS

　　事例5　労務比率の推移に基づいた効率評価　**157**
　(4)　親子間の債権債務・資金決済の分析　**158**
3．建設業の実態把握 ･･･**159**
　(1)　建設業の事業環境の変化と実態把握のポイント　**159**
　(2)　建設業経営の変遷　**161**
　(3)　金融機関の実態把握（目利き）ポイントの変遷　**161**
　　事例1　限界利益による分析事例(1)　**164**
　　事例2　限界利益による分析事例(2)　**166**
　(4)　貸出先建設業者の実態バランス作成　**170**
4．卸・小売業の実態把握 ･･･**174**
　(1)　卸・小売業の事業環境　**174**
　(2)　卸・小売業の実態把握のポイント　**174**
　　事例1　多店舗展開小売業にかかわる戦略上の課題(1)　**175**
　　事例2　多店舗展開小売業にかかわる戦略上の課題(2)　**178**
　(3)　地方の多店舗展開企業が目指す方向性　**180**

融資判断力をアップする 稟議書の作り方

第1章　貸出稟議書の意義と役割

1．貸出稟議書とは、そしてその役割とは？
　(1)　稟議制度とは？
　(2)　貸出稟議書の機能
　(3)　稟議制度（決裁）の特徴と対応
　(4)　本部稟議と店内稟議

2．貸出稟議書の作成──申込みから決裁まで
　(1)　貸出稟議書の決裁プロセス
　(2)　貸出稟議書の構成
　(3)　貸出稟議書に記載すべき基本的項目
　(4)　所見（担当者意見・営業店意見）

1．貸出稟議書とは、そしてその役割とは？

❶ 稟議制度とは？

　そもそも稟議制度とは、ある案件を推進したい者がその内容を起案し、決裁権限を持つ者に回付して、（貸出）実行の決裁を受ける（採り上げの是非を問う）ものです。

　その際は、上記決裁権限を持つ者ならびに関係部署等で協議検討に加わる者が複数になることが通常であり、とりわけ金融機関の融資案件においては、案件の使途・金額の妥当性、返済財源の如何と確実性、貸出先の信用力、回収を担保するための保全措置、貸出によるメリットなどについて多方面から検討し判断することが必要なことから、決裁の経緯や当該権限者の指示・意見等を明らかにするために書面をもって行う必要があり、稟議書という形式が一般化しました。

　こうした稟議制度は案件の諾否を決定する仕組みとして、次項で説明するいくつかの優れた機能を有しているため、今日、金融機関における主要な意思決定の制度になっています。

❷ 貸出稟議書の機能

■1 決裁機能（意思決定プロセス）

　貸出稟議書の本来的役割は、金融機関において、貸出案件が発生した都度、案件の内容、検討結果、採り上げ理由等を決裁権限者に正確に伝達することによって、当該貸出案件についての判断を仰ぎ、採否の決裁を得ることであり、これが貸出稟議書の本来的機能といえます。

　このため貸出稟議書には、当該取引先事業の実態・将来的見通し、正確な資金使途とその金額、返済能力、返済不能となった場合の債権保全措置、他の金融機関の対応状況など、採否の審査および決裁に必要な内容をすべて備えていることが必要となります。

❷案件組成機能

　　融資案件の決裁は、特定の権限者の独断によって決定されてはならず、金融機関としての普遍的見地に基づいて決定されなければなりません。このため、稟議書回付の過程において、被回付者ならびに決裁者等、当該案件に関係する者によって、さまざまな角度から当該案件の考察・検討が行われ、時として各種の指示・指摘（付帯条件付きの決裁を含む）がなされることによって、当初、採り上げ段階においては必ずしも十分ではなかった案件が、貸出稟議書において決裁を受ける過程で精緻な形に仕上がっていくという面があります。

　　このためには、貸出稟議書に、取引先の「事業実態ならびに長期的展望」、「資金使途の本質」、「厳格な返済能力」、実現可能な「取引メリット」等々、広範かつ多元的な検討結果を記載することによって、関係者（被回付者ならびに決裁者等）が存分に考察・検討を行うことができるに足る十分な内容を備えていることが必要なのです。

❸情報伝達機能

　　案件の金額や内容にもよりますが、貸出稟議書を回付することによって当該取引先に関係する各部署（店内稟議においては、渉外担当者、融資相談窓口係、預金窓口係、内部事務係など。本部稟議については、融資部・推進部・経理部、場合によっては役員席など、関係する本部セクション）に対して、当該企業との取引や推進状況等を知らせることができ、当該先にかかわるスムーズな事務処理や統一した組織的対応を期待することができるのです。

❹記録疎明機能

　　稟議書という文書によって、金融機関の取引先に対する貸出案件についての諾否結果とその決裁までにいたる詳細な経緯が、組織的に記録されることになります。

　　この記録は、当該企業との間に長期的・将来的に発生する取引のあらゆる場面において判断を下す材料となります。そして、こうした貸出稟議書が数年間・時系列的に蓄積されることによって当該先との取引関係を規定する基盤の一つになっていくのです。

　　さらに、貸出稟議書は、金融庁検査等、金融機関に対する外部機関の検査・監督等に際して、融資取引開始時の経緯、金融機関の貸出姿勢、取引先に対する対応状況等を表すものとして重要な疎明資料になります。

　　この機能は、長引く不況下において、中小企業者に対する金融機関の円滑な対応が昨今社会的に注目されており、（監督官庁に自行の融資姿勢を正しく理解し

てもらううえにおいて）とりわけ重要な機能といえます。

❸ 稟議制度（決裁）の特徴と対応

　上記のとおり、稟議書は、起案者が特定の貸出条件に基づいて最終決裁者に対し貸出実行の決裁を求めるための書類であり、金融機関の経営の根幹といえる融資業務において、案件を実行するかしないかの意思決定は、貸出稟議書によって行われています。このため、貸出稟議書は、決裁権限者が決裁を行うために必要な情報をすべて網羅していなければなりません。

　また、貸出稟議書は複数の関係者に回付されチェックされることによって、貸出案件の審査・判断がさまざまな角度から厳格かつ客観的に練り直され、正しい判断が下されることが期待されているのです。

　しかし、その反面、貸出稟議書を作成（含添付資料の徴求・作成）するためには、多くの時間と労力が必要となるうえに、案件の可否決定（含取引先に対する返答）までには相応の時間を要することになるため、融資対応に機動性を欠くという側面があります。

　いうまでもなく取引先の借入申込みには、相応の理由があり、かつ資金を必要とする時期や期限があります。このため、いかに素晴らしい貸出稟議書であっても、取引先が必要とする期限（タイミング）に間に合わなければ、当該貸出稟議書自体が無意味となるだけでなく、重大なトラブルを引き起こす可能性すらあります。

　民間金融機関においては、こうした稟議書（決裁）に伴う欠点を緩和するため、一定の融資額や担保条件等の範囲に収まる案件については、現場支店長の権限によって決裁が行われるよう権限の移譲が行われています（店長決裁または店長権限査定）。

　さらにまた、融資対応（含事務処理）の機動性や柔軟性を高めるため、極度稟議や一括稟議などによって稟議案件の手続きを合理化し負荷を減らす工夫がなされています。

　貸出稟議書を起案する融資や渉外の担当者は、こうした稟議制度の特質や意図を十分に理解し、簡潔明瞭な稟議書を作成するように心がけることが大切であり、必要にして十分な貸出稟議書を作成できるよう日常業務の中において日々努力し、積極的な自己研鑽に取り組むことが期待されているのです。

　ところが、現状作成されている貸出稟議書の実態はどうでしょう。金融機関の

審査担当者に面談してみると「取引先企業の実態をわかっていない」「真の資金使途がわからないため採否の判断ができない」など、貸出稟議書の基本的な部分にかかわる不備を指摘する意見が非常に多いのです。

特に昨今は、貸出稟議書自体をコンピュータ上で作成し、オンラインによって本部に転送するという電子稟議が一般化しており、貸出稟議書の内容も信用格付の結果に沿った財務計数を中心とした入力に重点が移り、「融資先企業から得た数値や資料をそのまま転記（入力）するだけで貸出稟議書の大半が完成するため、あえて貸出稟議書の書き方を学ぶ必要はない」という考え方をされている担当者が少なくないようにも感じられます。

しかし、貸出稟議書の作成にあたり、論理的で説得力ある文章を工夫する必要性が少なくなったとしても、担当者が取引先企業の事業実態を正しく把握できていなければ、融資案件そのものの決裁はできたとしても、その後の融資管理がおぼつかないものになってしまいます。

また、電子稟議システムによって行内の決裁は比較的容易に得ることができたとしても、取引先企業の競争力の本質を正しく理解し説得力ある交渉につなげることができなければ、当該取引を将来的に発展させ成果を積み重ねてゆくことは困難です。

この意味において、貸出稟議書の作成とその決裁までの作業は、貸出案件の妥当性・合理性を厳格に検証し、取引先企業を事業価値の面において客観的に評価するという重要な役割を持っており、貸出稟議書の作成方法や意義を理解するということは、金融機関の融資担当者にとって非常に重要なノウハウであり、価値ある作業なのです。

❹ 本部稟議と店内稟議

❶意　義

上記のとおり、金融機関では、一定の金額や担保条件の範囲におさまる融資案件についての決裁権限を営業店の支店長に移譲しており、これを店長決裁とか店長権限などと呼んでいます。

店長決裁ないし店長権限融資が行われる理由は、営業店においては常日頃の取引や親交によって取引先企業の事業内容や経営状況についての実態把握ができている（と考えられている）ため、一定範囲（与信額や担保設定状況）の融資案件については、その都度本部に稟議書を提出して決裁を得るよりも、現場支店長の

判断によって決裁した方が合理的であると考えられるためです（店内稟議）。

これに対して、本部稟議とは「支店長権限によって決裁ができる一定の範囲を超えるあるいは逸脱する条件による貸出案件」について、本部宛に決裁を求め稟議することを総称したものであり、本部決裁においては、大所高所から総合的観点によって審査・検討が行われ、組織としてのチェック機能が果たされることになります。

❷決裁における判断基準

店内稟議であれ本部稟議であれ、貸出案件については、安全性・流動性・収益性・成長性・公共性といういわゆる「融資5原則(注1)」に照らして審査・検討が行われますが、特に、本部決裁部門においては、「政府日銀の金融政策」や「グローバルな経済情勢の動向」などマクロ面の情報を集中的に保有していることから、（営業店に比較して）より一層金融機関として高度な組織的・戦略的見地に立った判断を行うことができるとされています。

なお、本部審査部門においては、全営業店の稟議内容が把握できるため、組織全体の整合性やバランスを図るという観点における判断（調整・統制的判断）が行われることも念頭に入れておくことが必要です。

❸店内稟議の特徴

店内稟議の対象となる取引先企業は、比較的小規模の法人と個人客が中心になるため、同一営業店のメンバーならば、（担当している業務によって多少程度の違いこそあれ）、常日頃の取引や情報交換によって、ある程度認知しており、概して共通の見方をしているものと考えられます。

このため、本部宛の稟議と比較した場合、記入項目は少なく内容もシンプルであり、正式に店内貸出稟議書を作成して支店長決裁を受ける前に、口頭や店内情報交換会等の席において、案件の進め方等についてのアドバイスを受け、（付帯条件付きを含め）大方の内諾を得たうえで取り組むケースが多いと思われます。

❹本部稟議の特徴

本部稟議書も記入上の必要事項は、基本的に店内稟議と異なるものではありませんが、本部セクションにおける審査は、原則として書類審査のみとなるため、相対的に記入事項は多くなります。

なお、本部稟議における記載事項の中において特筆すべきは、「営業店（取引店）意見」欄が設けられていることであり、そこに取引店として当該案件を採り上げたい理由を明確に示す必要があります。

そのわけは、書類に頼らざるを得ない本部審査においては、取引店が把握して

いる稟議先企業の実態や現場で採り上げを可とすべき理由の本質的部分が決裁権限者に十分に伝えきれず、理解されないケースが皆無とはいえないからです。

このため、本部あて稟議書に「営業店意見」欄を設け、資金使途の妥当性、返済能力についての分析結果、案件の採算性、保全状況、当該企業の将来性など、案件を審査するうえで必要な要素に加え、当該企業に対する取引方針を中心に据えた起案店としての責任を持った主体的考えを明確に表明するのであり、単に取引先から申し込まれた内容や希望を取り次いだような稟議書では失格なのです。

また、限られた時間の下で、多くの支店（担当者）の稟議書を見ている本部担当者の審査において、「営業店（取引店）意見」欄を通して伝わる起案者（取引店担当者）の強い想いが、決裁の過程において、時として大きなポイントになることもあります。

(注1) **融資5原則**

融資審査における基本的な判断基準として古くから尊重されてきたものであり、そのすべてを完全に満足するというよりは、貸出案件がこの融資5原則に照らしバランスよく仕上がっていることが重要なのです。

① 安全性の原則

金融機関の融資は、多くの預金者から広く集めた預金をその源としているわけですから、融資金は安全確実に返済されなければなりません。そのためには、融資先についての審査をしっかり行い、「資金使途」や「返済能力」などを厳格に調査判断し、担保などの保全措置を備えるなどの安全性に十分配慮しなければならないのです。

② 流動性の原則

金融機関は多くの預金者から集めた預金をその源にしているわけですから、それらの資金が滞ることがないように、常に経済社会に流れる資金の流動性について気を配らなければなりません。

③ 収益性の原則

金融機関は、多くの預金者や融資先に対し社会的・公共的役割や使命を負っており、その使命等を果たしていかなければなりません。ただし、金融機関は私企業であるため、安定した経営を続けるためには適正な利益を上げることが必要です。

④ 成長性の原則

融資先企業の成長は、融資を行った金融機関にさまざまな形になって返ってきますし、また、何よりも融資先の成長は確実に融資を行った金融機関の成長にもつながります。

⑤ 公共性の原則

金融機関の業務は経済の潤滑油的役割を持っていることから、自ずと公共性を常に意識し、バランスをもった融資に取り組まなければなりません。たとえば、公序良俗に反する融資は行わないということも公共性の原則に含まれます。

2. 貸出稟議書の作成──申込みから決裁まで

貸出稟議書の決裁プロセス

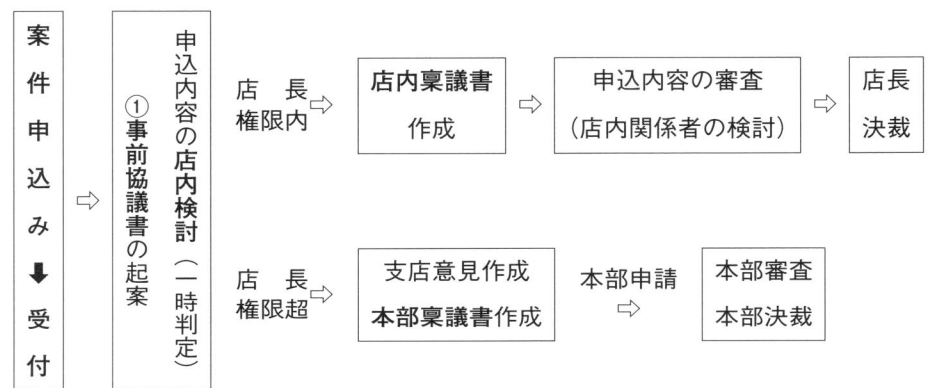

❶事前（店内）協議書の作成

借入の申込みを受けたら、当該申込みの内容をまず「事前協議書」（金融機関によっては「店内協議書」「融資案件メモ」等の呼称がある）にまとめ、上司を通じて店内関係者に回付し、新たな問題点の指摘や付帯条件の追加等、採否にかかわる一時チェックを受け、そのうえで支店長席の判断を仰ぎます。

なお、この段階の作業を定期あるいは不定期に開催する「店内案件検討会」によって行っている金融機関もあり、その際、「協議書を用いるケース」と「説明資料は案件メモ程度の内容にとどめ、主に口頭によって説明するケース」など、検討会のやり方はさまざまです。

いずれにしても、この段階においては、貸出金利など、貸出について細部の条件を詰めるというよりは、「今回の貸出実行にあたっての狙いやメリット」、「申込企業の事業実態と将来的な見通しや取引方針」などを中心に案件の採否についての一時協議を行います。

たとえば、「貸出の狙い」の記入例としては、「当社代表のA氏は当地有数の

資産家であり、金融資産の運用ならびに遊休地の活用等、本件融資採り上げを契機として深耕を図り、当行ルートによる資産の運用、活用提案等に結びつけたい」などがあろうかと思います。

店内における案件検討によって、店内の意思決定（採否についての方針）がなされ、支店長席から指示された確認事項や貸出条件がある場合は、速やかに交渉を行います。

❷貸出稟議書の作成

その結果、当該指示事項についての対応が済み、条件面等についても取引先の了解が得られた場合には、改めて、貸出稟議書（店内あるいは本部）が作成されることになります。具体的には、貸出金額、融資期間、担保条件等について支店長権限で実行可能な案件については、「正式な店内貸出稟議書」を作成することになり、店長権限の範囲を超えるものについては「本部宛の稟議書」を作成することになります。

なお、本部貸出稟議のケースにおいては、本部宛貸出稟議書の提出によって正式な案件審査が進められるのに対し、店長権限内の案件については、「店内協議書」（事前協議書）によって案件審査が実質的に行われているため、店長権限内の案件については、「店内協議書」が実質的な貸出稟議書であるといえます。

また、これとは逆に、店内案件検討の段階において「謝絶」すべき旨の決定がなされることもあります。その場合には、申込企業は別途資金手当が必要となるため、速やかに先方に連絡しなければなりません。可能な限り早期に先方に知らせ、申込企業に新たな資金調達の方策を練る時間的余裕を与える（残す）ことが重要であり、トラブルを防ぐためにも大切です。

その際、心しておくべきことは、「謝絶の結論が出た理由（問題点）」を真摯かつ丁寧に説明し、申込企業に十分納得・理解してもらうよう努めることです。

担当者の姿勢として絶対してはならないことは、謝絶の理由を「本部の決裁が下りなかった」とか、「支店の役席の中に強く反対する者がいた」などと言い訳し責任逃れをすることです。

このような対応では、到底申込企業の納得が得られないばかりでなく、金融機関ならびに担当者の人格に対して強い不信感を抱かれることになります。最悪のケースは、謝絶の件に関して個人的な恨みを惹起し、思いもかけないトラブルに発展することであり、これは断じて避けなければなりません。

このため、担当者自身が謝絶への対応（説明）に自信がもてない場合は、単独で訪問するのではなく、上司に同行してもらう（場合によっては支店長席が謝絶

に出向く）など、適切な対応にむけ最善を尽くすことが大切です。

❷ 貸出稟議書の構成

　貸出稟議書は、対象とする案件の内容にもよりますが、原則として「貸出稟議書本編」と「その付属書類」によって構成されます。

　まず、貸出稟議書の本編には、融資先の住所・氏名・業種等が表示され、貸出金額、貸出金利、返済期間、資金使途、返済財源・返済方法等、貸出金についての詳細な内容や条件に加え、営業店（担当者）意見が記載され案件の要旨が集約されます。

　貸出稟議書の書式については各金融機関でそれぞれ制定されており、皆さんは各自所属金融機関の書式に沿って記載していただくことになりますが、ここではその一例を掲載しておきます。以下、この書式例に従って貸出稟議書の主要な項目を解説していきます。

　また、貸出稟議書の付属書類には、融資先企業の概要を説明した「取引先概要書（要項）」、財務内容・資金状況を表している「決算書類」「試算表」「資金繰り表」「金融機関取引一覧表」などがあります。

　その他、案件の内容によって補足説明を必要とする場合には、「中長期経営計画」「売上仕入実績表」「設備投資効果分析表」等を適宜添付することになります。

貸出稟議書

(年 月 日)

店名		店長	次長	課長	担当

融資先	名称　❶ ※その他、格付・取引（融資）方針など申込企業の属性を記載 （年齢　　）	業　種		所要資金総額	
		資本金		調達計画	❹
		従業員数			

要資事情・資金使途
❷

案件内容	科目	極度または金額	利率	貸出予定日	期限または期間	返済方法
	❼		❿	❿	❽	❻

必要金額の妥当性
❸

返済財源
❺

担保（極度・金額等）	連帯保証人
❾	❾ ※住所・氏名・年齢・債務者との関係を記載

業績推移		売上高	営業利益	経常利益	当期純利益	減価償却費	償還財源	総借入金
	／期							
	／期							
	／期							

金融機関取引状況
⓫

所見（担当者意見・営業店意見）
※申込経緯・取引メリットなどを記載

第1章　貸出稟議書の意義と役割

❸ 貸出稟議書に記載すべき基本的項目

❶融資先の概況・属性（名称・業種など）

　　融資先の名称のほか、業種、資本金、従業員数に加え、「格付」や「取引（融資）方針」など、申込企業の属性にかかわる項目を記入します。なお、新規融資先については、申込企業の基本的な属性・概況(注1)にあわせ、「取引が始まった経緯」を記載します。具体的には、新規開拓先にリストアップされ渉外担当者の誰が開拓した先か、また当店有力取引先の誰からの紹介先なのかなど、取引開始の経緯は重要であり、採否判断の大きな要素になります。

　　なお、貸出稟議書に書く必要はありませんが、新規開拓者や紹介者の肩書きと氏名は、融資取引先ごとに作成・添付される「取引先概要表」（取引先要項）等に必ず記録しておくようにします（後々話題にのぼりますし、営業や管理面で助力いただく機会が必ず出てきます）。

　　また、「業種」の記載については主要製品を示し、「〇〇製造業」「〇〇販売業」など、具体的に事業内容をイメージできるように記載することが望ましいでしょう（ただし、取扱品目については、取引先概要表に記載されているため、稟議書上の区分は「日本標準産業分類」に準じた表示でよいとしている金融機関が多いようです）。

　　また、融資先が個人の場合は行為能力を判定する必要があるため必ず満年齢を記入します。

　　以上、融資先の属性を記載することの意義は、単に貸出先を特定するだけのものではなく、業界内での地位・競争力、地域経済界における影響力など、融資先の事業上のポジションを明らかにすることが本旨になります。

　　☞融資先の属性の多くは、取引先の企業概要をまとめた「取引先概要表」（取引先要項）に記載されているはずですが、必要に応じて、当該融資先の技術力や営業力についての評価、主要取扱い製品の特徴など、事業上の競争力に関係して特筆すべきポイントに補足説明を加えるなど、できるだけ記載するようにします（適当な欄がなければ別紙に記載）。

　　（注1）申込企業（債務者）の基本的な属性・概況

① 商号（氏名）・代表者・所在地
② 設立年月・業種・資本金
③ 取扱い製品
④ 主要仕入先・主要販売先の名称と取引概算額

⑤ 株主構成（資本系列）
⑥ 役員構成（経営陣）
⑦ 決算概況（3期〜6期程度）
⑧ 取引金融機関とその内容
⑨ 信用格付・債務者区分

❷要資事情・資金使途

要資事情と資金使途の関係

要資事情（例示）	資金使途	具体的使い道（例示）
・売上増加による ・支払条件の変更による	増加運転資金	原材料や商品の仕入 支払手形決済　など
・受注増加を見越した生産能力拡大のため	設備資金	〜機械設備導入 工場社屋建設　など
・決算資金	決算資金	法人税支払い、配当金支払い
（運転資金にかかわる調達と運用のバランス上構造的に発生）	経常運転資金	原材料や商品の仕入 支払手形決済　など
・売上不振	赤字資金	同　上

　融資の窓口係や渉外担当者が取引先企業から借入の申込みを受ける場合、通常は「諸経費支払いのため」とか「商品の仕入資金が必要だから」などの理由によって申し込まれることが多いと思いますが、これは**資金の具体的な使い道（使途）**になります。

　融資の可否を判断する場合において最も大切なことは、「貸し出した資金がきちんと返済されるかどうか」です。そのためには、「なぜ資金が必要になったのか」という根本的原因を追究し把握することが重要であり、これを「**要資事情**（資金が必要になった要因についての説明）」といいます。

　「なぜ資金が必要になったのか」については、「売上増加による」「支払条件の変更による」（**増加運転資金**）、あるいは「受注増加を見越した生産能力拡大のため」（**設備資金**）などがありますが、こうした資金が必要になった（あるいは不足した）真の理由を究明することが取引先企業の実態把握につながり、融資審査の重要なポイントの一つになるのです。

　なお、赤字資金など、「後ろ向きの資金使途」の場合、ストレートに赤字資金として申し込まれることはなく、ほとんどの場合、単に「運転資金」とか「商品仕入資金」などという名目で申し込まれることが現実です。この赤字資金を運転

資金と信じて手続きした場合、その後の回収・管理に相当苦労することになります。

このように、資金使途の正確な把握は融資手続きの基本であり、そのためには「なぜ資金が必要になったのか」という根本的原因、すなわち要資事情の正確な把握は極めて重要なのです。

また、要資事情を記載する場合は、そうした要資事情の背景となるマクロやミクロの事情や要因について（できれば計数を用いて）触れることが大切であり大きなポイントになります。つまり、要資事情に具体的な根拠があり、それが融資先の業績向上や競争力アップなどのために必要であることを、計数を用いてマクロ・ミクロ両方の面から合理的に説明できることが理想なのです。

とりわけ、設備投資については金額が多額にのぼり、融資期間も長期になるため、慎重かつ十分な分析・検討が必要です。要資事情の分析にはじまり、それが申込企業の収益や費用、さらには財務状態に及ぼす影響を合理的に予想し投資効果を検証しなければなりません。

そして、その過程や結果において、申込企業の見通しにラフな部分や甘さがあると考えられる場合には、設備投資計画の縮小や再検討を提言するなど、金融機関として責任をもった対応を心がける必要があります。

なお、単純な諸経費の支払いなどについては、要資事情をそのまま記載すれば足りますが、設備投資資金など、長期かつ複雑な検討が必要な案件については、極力、客観的かつ計数的な資料を別途作成・添付して、投資効果を検証し疎明することが必要です。

また、「**資金使途**」欄には、原則として使途の種類を記載しますが、金融機関によっては、資金使途をより具体的に記入する様式になっているものもありますので、それぞれの様式に従って記入します。

その場合、納税資金、賞与資金、外注費支払資金など、資金使途が具体的にわかるものはそのままでよいのですが、増加運転資金、赤字資金など、使途が具体的でないものについては、「支手決済資金」や「商品仕入資金」など、具体的な資金使途を併記する必要があります。

ただし、あらかじめ具体的な資金使途を特定することが困難な場合もあるため、そうした場合は、無理やり記入するのではなく、資金繰り表を添付するなどした方がいいでしょう（資金繰り表によって合理的推測が可能なはずです）。

以上、資金使途を記載する場合のポイントは、本案件の使途が取引先企業の経営や業績の向上に効果があり、真に必要な資金であることが明らかになってお

り、その結果として返済財源が明確に説明できることが必要です。

❸申込金額の妥当性・❹調達計画（内訳）

「申込資金の総額はどのくらいで」、「そのうち当行への申込金額はいくらで、調達割合はどうなっているのか」を記載する欄ですが、重要なことは、取引先企業の申込額を漠然と記載するのではなく、算定根拠を明らかにして、その妥当性の検証を行うことであり、それに対して「担当者（営業店）はどのように考えているのか」を明記することです。

このため、各金融機関がそれぞれに制定している「所要資金算定表」などによって必要額を計算し、算定根拠を明らかにすることによって、まず申込金額の妥当性についての検証を行います（別表の算定式参照）。

資金使途の種類と算定式（参考）

資金使途の種類	算定式
経常運転資金	（現預金＋売上債権＋棚卸資産＋前渡金）－（仕入債務＋前受金）
増加運転資金	月商増加額 × $\left(\dfrac{売上債権}{回転期間} + \dfrac{棚卸資産}{回転期間} - \dfrac{仕入債務}{回転期間} \right)$
決算資金	納税金額、賞与実際支払額
季節資金	仕入金額

上記によって所要金額を算定した結果、必要額以上の申込みがあった場合は、他の資金需要を含めて申し込まれている可能性があるため、申込金額の妥当性について再度質問・確認し、それでもなお妥当性を欠いていると判断される場合には、申込先の懐に飛び込んで本音の交渉を行う必要があります。

なお、決算資金や特定の季節資金等については、大半の様式において前年（前回）実績または前年（前回）比という記載欄が設けられています。これは、繰り返し発生する類の貸出金について、前年（前回）実績と比較することによってその妥当性を検証しようとするものであり、当該記入欄を設けていない様式においても、必要に応じて前年（前回）実績を記載し、妥当性の検証を行うことが望ましいといえます。

❺返済財源

ここで説明する「返済財源」と、次項の「返済方法」については、返済財源として何を予定しているか、どのような返済方法になるのかを記載したうえ、確実に返済されることを明確に説明することが重要です。

このため、申込企業に資金繰り予定表を要請し、返済時期に資金繰りのうえに

おいて余剰資金（返済財源）が確実に発生していることを確認することが必要です。

なお、返済方法は返済財源との関係で決定され、返済財源は資金使途によって決まってくるなど、それぞれの間には相関関係があるため、審査においては相互の整合性が必ずチェックされます。

ただし、担当者は直接取引先と接し現場を確認することができるという強みを持っているため、財務数値からは読み取れない重要ポイント、たとえば、返済原資となるキャッシュフローはどのように創出されるか、その継続性は確実か、などの重要な事項について、申込企業の経営実態に踏み込んだ分析を行い、確実に回収できるという根拠を明確に示して記載することが大切です。

なお、資金使途が「経常運転資金」の場合、金融機関の実務においては、借換えを前提に「期日一括弁済」として手続きされているケースが多く、その場合の返済財源は「売上代金の回収」などとされています。

しかし、経常運転資金は売上債権、棚卸資産、仕入債務などのバランスのうえにおいて必要となる資金ですから、回収や支払いの条件が変化しない限り、売上債権等の回収金から返済することは理論上不可能[注1]であり、「実務上の必要性から行われている手続き」と「理論上の仕組み（原則）」を頭の中でしっかり整理し理解しておくことが大切です。

なぜなら、理論的な仕組み（原則）を理解せず、実務上の手続きのみを所与のものとして漠然と処理していると、ルーチンの手続きからはずれた想定外の事態が生じたときに対処できないからです。

(注1) **経常運転資金の返済**
　　経常運転資金は売上債権、棚卸資産、仕入債務などの保有状態（それぞれの企業における一定のバランス）において必要となる資金であるため、売上債権等の回収金から返済を行った場合には、その部分（金額）が資金不足になってしまい、改めて当該金額の借入を行うことが必要となります。回収や支払条件に変化がない状態において、債務者の個別の業況や採り上げ時の事情などによって、どうしても返済しなければならないのであれば、収益弁済によって行うことになります。

他方、設備資金や長期運転資金の返済財源については、キャッシュフローの検討が必要です。返済原資としてのキャッシュフローは、一般的には次のように算定します[注2]。

> 当期純利益＋減価償却費－（経常運転資金の増減額）

　なお、「返済原資としてのキャッシュフロー」については、留意すべき点が3つあります。

　第一は、貸出金の返済は、あくまで「将来のキャッシュフロー」によって行われるものであり、そのために実績決算（過去）の数値を分析するのだということです。

　第二は、本来、返済原資は「本業によって創出されるキャッシュフロー」によって賄われなければならないということです。このため、上記算式に本業以外のキャッシュフローが含まれている場合には、当該金額を排除して算定する（あるいは実績数値に本業外の金額が含まれていることを考慮して返済原資を見積もる）ことが必要です。

　第三に留意すべき点は、償還財源として見積もったキャッシュフローのすべてが本稟議案件にかかわる貸出金の返済原資になるわけではない、ということです。すなわち、本稟議案件以外の貸出金の返済に使用されるキャッシュフローがいくら必要で、その結果、本件の返済に充当できるキャッシュフローがいくらなのかを示す必要があるのです。

　以上の3点を踏まえた計算の結果、本稟議案件の償還財源が確保できることを記載するのです。その際、業種等によって業績の変動が避けられない先については、万一償還財源が不足しそうになった場合、当該返済に充当することができる遊休資産の有無、他行借入による調達の見通しなどについても検証しておくことが必要です。

　このほか、申込企業が中小企業者で法人と個人の一体性を考慮する必要がある場合には、代表者（含家族）の収支余力を上記に含めて検討することになります。

　　（注2）返済原資としてのキャッシュフロー
　　　　　金融機関の中には、上記算定額から社外流出金額（役員賞与支払額＋配当金支払額）を控除して算定しているケース、経常運転資金の増減額を算定に含めていないケースなどがあります。各所属金融機関が実施している計算方法に従って算定してください。

資金使途と返済財源

発生事項（例）	資金使途の種類	返済財源
（運転資金にかかわる調達と運用のバランス上構造的に発生）	経常運転資金	収益 （実務上は売上代金等）
・売上債権の増加 ・支払条件の変更 ・仕入債務の減少	増加運転資金	収益 （実務上は売上代金等）
・棚卸資産の増加	季節資金 備蓄資金 滞貨資金	商品在庫の販売代金 〃 〃
・納　税 ・納税・役員賞与支払い ・賞与支払い	納税資金 決算資金 賞与資金	収　益 〃 〃
・受注増加を見越した生産能力拡大のため	設備資金	内部留保利益
・資金繰りの安定 ・売上減少等による赤字発生	長期運転資金 赤字資金	内部留保利益 〃
・資金調達時期と支払予定時期のズレ	つなぎ資金	○○資産の売却代金 〜増資払込金○○○

❻返済方法

　返済方法は、「期日一括弁済」あるいは「○年○月より○年○月まで毎月○○百万円宛分割弁済」（「期日一括返済」か「分割返済」か）などと記載します。

　また、資金使途が「つなぎ資金」であった場合の返済財源は、「○○資産の売却代金（売却先○○）」や「〜増資払込金○○○」となるため、返済方法は期日一括弁済になります。

　一般的に長期資金は分割返済が、短期資金は期日一括返済が多くなります。

❼科　目

　貸出金の科目（手形貸付、証書貸付、当座貸越、商業手形、支払承諾など）を記入します。一般的に短期の資金は手形貸付、長期の資金は証書貸付によって実行されています。

　なお、当座貸越については、貸越極度の範囲でいつでも借入することができ、利息の支払いも後払いであるなど、借主にとっては重宝な仕組みですが、金融機

関の側からすると、与信発生のタイミングや金額を予測することができず融資枠の管理に不都合であるうえに、債権保全上も面倒な点があるため、「特定の業種に限定した少額の極度」など、限定的に扱っている（契約している）ケースが多いと思われます。

❽貸出予定日・返済時期（期限または期間）

「貸出予定日」欄には、申込案件の実行希望日を記入します。また、「返済時期（期限または期間）」は貸出期間のことであり、上記2つは「融資実行日がいつで、返済期日がいつになるのか」ということです。

返済ができるのは、返済財源が捻出される時期ですから、たとえば、在庫備蓄資金、同滞貨資金の場合は、在庫の売却・処分が行われる時期に、売却処分金額に見合った回収が行われることになります。

また、経常運転資金や増加運転資金は、債権債務と在庫のバランスによって事業構造上必要になる資金ですから、返済を条件とする場合の財源は内部留保利益になるわけですが、実務上は大半がコロガシ扱い(注1)になっています。

なお、返済時期について「期限」を記載した場合は、仮に貸出実行日が翌月にズレ込んだとしても、記載した期日までに弁済しなければなりません。

しかし、「期間」を記載した場合には、貸出実行日から起算して記載した期間内に弁済すればよいことになりますので、貸出実行日が翌月にズレ込んだ場合は、弁済日も連動してズレることになります。

　　（注1）手形貸付のコロガシ扱い
　　　　一括返済の条件によって貸出した手形貸付の期日に新たに同額の手形貸付を実行する（同額の手形貸付を何度も繰り返す）ことを、いわゆる「手形貸付のコロガシ扱い」といいます。

❾担保（極度・金額等）・保証(注1)

「担保」欄には、不動産担保、債権担保、有価証券担保等、担保の種類別に記入します。また、「連帯保証人」欄には、連帯保証人の住所、氏名、年齢、債務者との関係を記入します。

なお、「担保（極度・金額等）」とは、不動産担保において、根抵当権で保全されているものは極度額、抵当権で保全されているものについては貸出残高（債権額）を記入するということです。

担保を取得する場合に問題となるのが、物件の評価です。上場有価証券や定期預金などは別として、不動産の評価には難しい面があり、近年低調に推移している不動産取引（価格）の情勢に鑑み、十分に慎重を期す必要があります。

以上、金融機関の債権保全措置には上記のとおりいくつかの方法があり、いずれを選択するかは、個別案件ごとに判断することになりますが、申込先が中小企業者の場合は、信用保証協会の保証をまず検討するべきでしょう。

　また、親会社にあたる上場会社の保証も保全措置として申し分ありません。

　問題は個人保証のケースです。通常、貸出先企業の代表取締役が連帯保証人になりますが、その際は不動産登記簿等により慎重に債務負担能力を調査する必要があります（2011年7月14日、金融機関に対する監督指針の改正によって、経営にかかわらない人を連帯保証人にすることは原則として禁止されました）。

> **（注1）担保・保証の意義と必要性**
> 　昨今はリレーションシップバンキングの提言の中で「担保保証に過度に依存しない融資の重要性」が提唱されており、その根本となるものは、金融機関の取引先の事業を見る眼（いわゆる「目利き力」）です。
> 　この点については、第4章「説得力ある稟議書の作成に必要な事業実態の把握」で、事例によって具体的に解説していますが、仮に金融機関がどれほどその目利き力を向上させたとしても、中小企業の業績はグローバルな景気や受注先大企業の動向など、外部環境の影響を受けやすく、現在の延長線上に事業の将来像が見出だせるわけではない中小企業者との取引において、将来事業の不確実性（リスク）を完全に消し去ることは不可能です。
> 　ここに担保・保証の意義、必要性があり、無担保与信（信用扱い）で対応できる一部の大企業を除き、担保や連帯保証人についての検討は、金融機関の融資担当者が貸出稟議書を作成する際における重要な要素となります。
> 　ただし、くれぐれも誤解していただきたくないことは、担保や保証についての評価や判断は、あくまで補完的な役割を果たしているに過ぎず、貸出稟議書においてまず検討されなければならない最重要ポイントは、本業により創出されるキャッシュフローであり、担保や保証はその次に位置するものであるということです。
> 　担保や保証が完璧であることによって、「最終回収に懸念がないため採り上げる」とする安易な対応は、厳に慎まなければなりません。

❿利率等の貸出条件

　貸出金の利息は、金融業務の根幹となる収益の柱であり、短期金利（1年以内）と長期金利（1年超）に分けられます。貸出金利は、金融機関ごとに決められる短期プライムレートを基準に貸出先の信用状態に応じたリスクプレミアムを上乗せするなどして決められます。

　また、近年は金融市場から資金を調達するレートに利ザヤを上乗せして融資利率を決めるスプレッド融資が増加しており、原則として各金融機関のルールに従って決定することになります。

　なお、取引先企業から適用金利引下げの要請を受け交渉する場合などにおいて

は、競合金融機関の対応や他企業の状況（信用格付・業況・取引内容・適用金利等）を研究し金利感覚を磨いておくとともに、「実質金利[注1]」の考え方を理解しておくことも大切です。

ただし、肝に銘じておくべき事柄として、融資先企業の業績が良好な場合、複数の金融機関が貸出にしのぎを削るケースが往々にしてありますが、金利のダンピングによる競争は断じて避けるべきであるということです。

昔から「金利で取った取引先は金利で失う」といいます。そのような関係は決して長続きするものではありませんし、企業・金融機関双方にとってデメリットが多いことを理解しなければなりません。

また、安定したメイン取引先との関係においても、金利は高ければよいというものでもありません。企業と金融機関の取引関係は長期的観点において、お互いにメリットのある形でなければなりません。

そこには融資取引以外、たとえばコンサルティング機能等のかかわりも当然必要であり、双方が長期的に適正利潤を確保できるような関係を構築することが大切です。

なお、各金融機関において決定しているルールを逸脱した金利を適用したい場合は、その理由（他行の攻勢、将来的な取引方針やメリット等）を「所見（担当者意見・営業店意見）」欄あるいは「別紙」に明記し本部所轄部門に申請することになりますが、上記に記載した金利競争のデメリットに鑑み、金利の異例扱いに対する対応は相当厳しいことを覚悟しておくべきです。

他金融機関の金利攻勢に遭遇した担当者は、短絡的に目先の金利水準の高低にこだわるのではなく、コンサルティング機能の活用等、長期的観点においてお互いにメリットのある形を提案することに注力した方が、競合金融機関や他担当者との差別化が図れることに加え、自らの大きな成長の糧になることを認識すべきです。

また、取引先企業の側に立って考えてみた場合、「本業にかかわる有意義なコンサルティング提案」と「1％、2％の金利優遇」の、どちらが自社にとって価値があるかはまさしく自明の理であり、それが理解できない企業であるとすれば、むしろ金融機関として積極的にアプローチする価値は少ないと結論づけるべきです。

（注1）**実質金利**
　実質金利とは、次の算式によって算定される利回りのことです。
　実質金利＝（貸出金利息－預金利息）÷（貸出金平均残高－預金平均残高）×100

⑪金融機関取引状況

　企業が取引している金融機関別の預金残高、借入残高を示す欄であり、大半の金融機関においては決算書の内容をインプットする際に同時登録されているデータがシステム的に貸出稟議書上に打ち出されるものと思われます。

　貸出稟議書の作成において確認しておかなければならないポイントは、他行の支援姿勢（の変化）であり、特にメイン行、準メイン行の対応は確実に把握しておく必要があります。

　標記項目は、業況が厳しい先についてはとりわけ重要なポイントであり、借入金の短期・長期・割引別の残高推移のほか、預金残高の動きにも注意する必要があります。たとえば、業績低下時において、新たな融資が実行されずに固定性預金が取り崩されているようなケースは要注意であり、踏み込んだ調査分析が必要です。

❹ 所見（担当者意見・営業店意見）

　貸出稟議書の様式は各金融機関によってさまざまな形がありますが、いずれにおいても欠かすことのできない最も重要な部分が、この「所見」欄です。貸出案件を決裁するうえで必要不可欠な情報に加え、担当者（営業店）の意見や判断を記載する欄であり、貸出稟議書の生命線であるとともに、担当者の真価が問われる部分でもあります。

　具体的には、申込案件の内容や決算書の定量データなど、稟議書の他の記入欄や添付資料にアウトプットされた事項を土台にして、当該企業や案件について担当者が把握している重要な情報を記載し、担当者としての判断や考え方を決裁権限者に明確に伝えるのです。

　また、「所見」欄に記載された情報や判断については、本部審査部門によって追加調査の指示がされたり、決裁権限者によって採否決定にかかわる条件が付記されることがあるほか、否決の場合その理由等が示されることになります。

　以上、貸出稟議書の「所見」欄によって貸出案件についての諾否結果とその決裁にいたる詳細な経緯（融資案件を採り上げる際、担当者や営業店ならびに本部関係部門が債務者の実態をどのように把握していたのか、採り上げ可能な案件と判断した根拠は何であったのか等）が組織的に記録されるのです。

　このように、「所見」欄は貸出稟議における最終的な採否結果を左右するだけでなく、融資実行後の取引方針や管理面にも多大な影響を及ぼすものであること

を理解する必要があります。

❶記載上のポイント

「所見」欄の記載は、いわゆる融資5原則に沿って、取引先企業の強み・弱み、問題点（疑問点）等の指摘とそれに対する担当者の意見・考えを明らかにしたうえで、当該案件についての結論を明確に記載します。なお、金額の妥当性など計数的なものについては、数字の裏づけとなる事実や根拠を記入することがポイントになります。

具体的には下記①～⑥などであり、取引先の申込内容をそのまま取り次いだようなものは、金融機関の貸出稟議書としては失格といわざるを得ません。

① 要資事情とその背景
② 資金使途および金額の妥当性についての検討結果
③ 返済原資および返済計画についての検討
④ 当該企業・案件についての問題点とその対応
⑤ 当該取引先の将来的見通しとそれに対する担当店としての取組み方針
⑥ 本案件の採り上げ理由・狙い

なお、④の問題点の記載については、「このようなマイナス情報を記載したら決裁が下りないのではないか」と心配する人がいますが、それは違います。

そもそも、まったく問題がない貸出案件などありません。問題点があって当然であり、その問題点を担当者・営業店が正しく認識していることこそが重要なのです（「これこれの問題点があるが、こうした理由によって回収が可能である」という担当者の分析結果と判断を明確に記載します）。

また、稟議案件そのものについての記載（検討）は、①「使途は何で、なぜ必要になったのか（表面的な使途ではなく、真の使途・発生要因を確認する）」、②「当該申込金額の妥当性はどうか」、③「返済財源（返済原資）は何々で金額的に十分であること」、④「保全措置の妥当性」の順に記載し、原則としてこの論理展開の順番は逆にしないことです。

たとえば、①と②について、「②申込金額が＊＊円」であるから、金額的に「①使途は……になる」とか、③と④について、④「保全が十分」であるから、③「返済財源が若干少ないあるいは不安定であるが、最終回収に問題ないため採り上げたい」などとすることは感心しません。

前者は説明するまでもないでしょうが、後者については、あくまでも弁済は将来キャッシュフローによって行われるものであり、返済原資が将来であることによる不確実性のリスクをカバーするために保全措置によって備えるのです。

すなわち、③「返済財源は……で十分である」が、弁済期間が長期にわたるため、その間の事業（業績変動）リスクをカバーするために、「④保全措置を……とする」というのが正しい考え方（論理展開）なのです。

以上、「所見」欄記載のポイントは、「本融資案件をぜひとも採り上げたいという営業店と担当者の明確な意志と姿勢」が表れており、それが「決裁権限者を納得させるだけの内容（質）とボリュームを備えたものである」ということです。

❷稟議先の業況に応じた書き方

a．好業績企業

当該企業が持つ強み（競争力の源）を採り上げて明確に説明し、その強みを踏まえた貸出稟議期間における事業展開および業績見通しについての検討結果を、根拠を示して記載します。

一般的に好業績企業の資金需要は、増加運転資金や設備投資資金などの前向きな資金需要が中心であり、その際の返済財源は事業収益または内部留保利益となります。

当該企業については、業績見通しにおいて十分な返済財源が算定されるケースが多いため、記載ポイントの中心は、資金使途や当該資金の事業上の効果、取引メリットが中心になります。

しかし、好業績企業の貸出稟議書を書く際における最大のポイントは、こうした企業が抱えている課題や弱み・問題点といった負の要素までも十二分に把握したうえで起案していることを決裁権限者に明確に伝えることです。

どのような一流企業であっても、厳しい市場競争や経営環境の変動の中にある限り、課題や問題がないということはあり得ません。むしろ、問題があって当然なのであり、その問題点を補う手段や方法について明確に記載することによって決裁権限者の信頼を得ることになるのです。

この観点において、貸出稟議書において問題点にまったく触れていないケースの方が担当者の実態把握レベルに対して懸念を抱かれる可能性があるとすらいえます。

b．現状維持企業

現状維持企業とは、売上高や損益が横ばい状態で推移している企業ですが、業績（とりわけトップラインの売上高）が横ばいということは、事業実態は固定費の逓増と競争力の低下により、実質下り坂となっているケースが大半です。

このような企業の資金需要の多くは、在庫資金（中でも滞貨資金）やリストラ資金に加え実質的な赤字資金などが主体となります。

問題は返済財源についての見通しが非常に難しいことであり、記載上のポイントはまさにこの点にあります。

たとえば、在庫資金の返済原資は原則として当該商品在庫の販売代金になりますが、金融機関の職員にとって、当該在庫の売却見通しや処分価値を正確に把握することは非常に困難なことです。

また、赤字資金の返済財源は、（黒字転換後の）内部留保利益になりますが、当該企業について将来的な事業計画（見通し）を厳格に作成した場合、返済財源の算出は容易ではないはずです。しかし、だからといって、返済財源が算定される程度の楽観的計画を作成したのでは、まったく説得力に欠ける貸出稟議書になってしまいます。

このため、このパターン（現状維持企業）の貸出稟議書を作成する場合のポイントは、キャッシュフロー面、とりわけ「営業活動によるキャッシュフロー」項目の見直しです。

具体的には、在庫の圧縮合理化、売上債権の回収サイトの短縮、仕入債務の支払サイトの長期化であり、これらについて具体的施策を明確にすることによって確実かつ合理的な返済財源を生み出すことができることを疎明するのです。

ただし、この点については貸出稟議書面の上における作文ではなく、申込企業の断固とした経営上の意思と管理能力が必要であり、取引先企業にその決意と能力があることを確認しなければなりません。

c．業績不振企業

業績不振企業の貸出稟議書作成にあたっては、個別貸出案件についての検討もさることながら、まず、当該企業がなぜ業績不振に陥っているのか、その原因を徹底的に究明し検討結果を明確に記載することが肝心です。ただし、その際に絶対避けなければならないことは、（出来の悪い経営者のように）業績不振の原因を外部環境のせいにすることです。

また、このタイプの企業の資金需要は、赤字資金やリストラ資金、滞貨資金などがありますが、通常、これらの資金に対してはまずメイン行が対応し、その他の金融機関は、協調融資となった場合に、融資シェアに応じた責任を果たすことになるケースが多いと思われます。

ただし、貸出稟議書の記載に、メイン行は「メインとしての責任を果たすため」、非メイン行は「協調融資によりシェアに応じた与信を行うこととする」など、表面的な記載だけですませてはいけません。

業績不振企業を支援していくためには、当該企業に、①支援によって市場競争

力を回復する見込みがあること、②事業上の稀少価値があること、③有力企業の支援が得られることなどの要件を見出すことが必要であり、そのためには、担当者が業績不振の取引先に対して「自らがどのようにかかわってきたのか」、それに応じて当該企業は「どのような経営改善やコスト削減に取り組んできたのか」など、業績回復に向けた取組み姿勢が明確に伝わるような記載を行うことが肝心であり、これがなければ、当該取引先企業の将来像は決して描けません。

貸出稟議書をどれほど立派に作り上げたとしても、将来に向かって改善の方向性が見えない先に貸出を行うことはできない（決裁できない）のです。

なお、こうしたケースにおいては、一般的に「経営改善計画」が必要とされるため、担当者として当該計画を実現可能と判断した根拠を明確に記載し計数的に疎明することが必要です。

以上、業績不振先に対する貸出稟議書の作成は、担当者の見識や能力（融資判断力、財務分析力、コンサルティング能力等）に加え、日頃の営業姿勢（交渉力や実行力など）が厳しく評価される場面であることを心して取り組むことが大切です。

❸「営業店意見」欄の様式

「営業店意見」欄の様式には、営業店の意見が一つにまとめられ営業店としての総合所見を記載するようになっているものと、担当者意見、上司または統括者の意見、支店長の意見がおのおの独立した欄として設けられ、それぞれについて意見を記載するようになっているものがあります。

ここでは、後者の様式における「担当者意見」欄と「上司または統括者意見」欄についてのポイントを解説していきますので参考にしてください。

a．「担当者意見」欄

「担当者意見」欄は、本申込案件についての問題点とそれに対する担当者の分析ならびに担当者としての見解を明示して、案件採り上げについての決裁を仰ぐためのものです。

このため、この欄において具体的に検討されるべき事項は、「資金使途および金額の妥当性」「保全バランス」「申込企業の財務状況、業績・収益力、将来性」「取引メリットと他行の状況」などに関する担当者としての分析と考え方です。

なお、「数年内に……になります」とか「……については今回限りとします」などという記載は、確実な根拠と合意を前提としたものでなければなりません。

目の前の問題点や課題を表面的に取りつくろうため、不確実な見通しや意見を記載することは絶対にしてはいけません。将来その取引先を担当する人の行動や

判断を制約し、何よりも取引先企業に余分な負担や迷惑をかけることになる可能性があるためです。

申込企業および案件の実態や問題点としっかり向き合い、問題点は問題点として明らかにしたうえで、それでもなお採り上げる根拠について明確に記載することこそが大切なのです。

ｂ．「上司または統括者意見」欄

この欄は、幅広い知識と能力を有し、相応の融資経験がある上席者によって、担当者レベルにおいては目が行き届かなかった事項について、より深いチェック（「さらに分析すべき問題点」や「問題点に対する具体的対応策」等の指摘）を行うとともに、案件に対する大所高所からの見方を附記するもので、部下に対する指導的見地を踏まえた意見が記載されます。

❹「所見」欄のまとめ——取引メリット記載の重要性

貸出金を実行すれば利息収入が得られ、金融機関の収益に貢献することになります。

金融機関も一営利企業である以上、貸出利息の収入を得ることは当然であり、さらに貸出に付随した各種メリットの追求・吸収に努めなければなりません。

このため、貸出稟議書の作成にあたっては、当面の（短期的な）メリットは何か、間接的あるいは長期的に期待される効用やメリットは何かを明確にすることが重要であり、常に取引メリットを意識して行動することが担当者の成長につながるのです。

なお、相当の利幅を安定的に確保することができた、かつての固定金利時代においては、メリットというと「従業員取引を含めた預金の歩留まりアップ」が一般的でした。しかし、近年は「実質金利の向上」や「スプレッド幅の拡大」などが求められるようになっており、この面においても担当者個々の能力とセンスが発揮される大切な部分になったといえます。

参考：「所見」欄にみる不十分な記載例

記入例	解　説
「当社は、当地大手の老舗企業であり、業績が堅調に推移している。当店が、先期以降積極推進先に選定し、取引拡大をはたらきかけていた先で、このたび増加運転資金の申込みがあったものであり、ぜひ採り上げたい」	☞当社が既取引先であれば、「当地大手の老舗企業云々」という説明は、周知の事実のはずであり不要です。 ☞「業績が堅調に推移している」という説明についても、貸出稟議書にアウトプットされる財務分析結果あるいは貸出稟議書に添付される財務分析資料の実績数値を見れば一目了然です。 ☞また、当社が純新規先など、認知度が低い先である場合は、貸出稟議書に「取引先概要表（要項）」の添付が義務づけられることになり、それによって当該企業の沿革や概要は明らかになるはずです。
「当社は創業（明治○○年）以来、堅調な業績を続けており……」	☞上段同様、こうした決まり文句のような書き出しで始まる貸出稟議書が少なくありません。これは、新規融資先であれば、添付された取引先概要表を見ればわかることであり、すでに融資実績がある先については、あえて説明するまでもない不要な表現といわざるを得ません

事例 「所見」欄の記載

　X5年5月、甲銀行乙支店の融資担当者Eさんは、地元のファンシー雑貨卸会社A社の社長から「今年（X5年）3月の大震災以降、市況がすっかり冷え込んでしまい、売上が横ばいで在庫も高水準になっているうえに、主要な販売先である小売店からの売掛金の回収サイトも長くなっているので、運転資金として50百万円（調達総額80百万円のうち）を1年間の手形貸付で借入したい」との申込みを受けました。

問題 A社の「業績および商品在庫推移表」「A社との取引の現状」「金融機関取引一覧」から、A社社長の申込みに対して融資担当者Eさんは、①どのように対応するべきか、②貸出稟議書を作成する場合、「要資事情・資金使途」欄と「必要金額の妥当性」欄、「所見」欄をどのように記載しますか。

A社：業績および商品在庫推移表 （単位：百万円）

	X1期	X2期	X3期	X4期	X5期
売上高	827	866	871	828	801
営業利益	21	－14	6	－14	5
税引後当期純利益	8	－12	2	－10	2
減価償却費	1		2	6	9
商品在庫金額	177	224	213	242	247

A社との取引の現状 （単位：百万円）

預　金	貸出金
普通　3	商手　60
定期　30	手貸　10（賞与）
	証貸　30
	［根抵当　35］

金融機関取引一覧

メインK銀行融資シェア	50%
甲銀行（当行）　〃	30%
H銀行　　　　　〃	20%

着眼点
① A社の業況（業績の長期頭打ち傾向・在庫増加）☞売上頭打ちの原因が競争力喪失ならば長期本質的観点における事業立て直し策が必要
② 要資事情および必要金額の妥当性 ☞要資事情の再チェックと増加した在庫の内容を厳格に確認することが重要。増加した商品が不良在庫化していた場合は回収が難しくなる
③ 実行後の保全状態
④ 調達計画の金融機関割振りがシェアに鑑みて過大ではないか

交渉のポイント

上記着眼点によって、EさんはA社社長の申出をそのまま貸出稟議書に記載して提出しても決裁は難しいと考え、次の提案をA社社長に行った。
① 担保増額（最低20百万円、できれば50百万円程度は欲しい。不動産に余力がなければ、有価証券担保でも良いのでお願いしたい）
② 担保増額が不可能であるなら、申込金額を融資シェアに応じた金額25百万円（80百万円×30％）に減額してもらいたい。

WORK SHEET

①どのように対応するべきか。

----

②「要資事情・資金使途」欄、「必要金額の妥当性」欄、「所見」欄の記入

要資事情・資金使途

必要金額の妥当性

所　見

解答（例）・解説

着眼点①にあげたとおり、A社は事業上大きな問題点を抱えていると思われます。A社社長は、資金不足の原因を「今年（X5年）3月の大震災以降の市況の冷え込み」としていますが、売上高の推移をみると、A社は数年前から売上の横ばい状態が続いており、売上の不振は当社商品の商品力・競争力の低下等、事業の根本にかかわる問題に根ざしていると考えられるため、安易な対応はできません。当社の事業上の競争力低下および将来的な業績不透明に鑑み、担当者としては将来を見据え保全強化に注力すべきです。

また、着眼点②の要資事情および必要金額の妥当性については、「業績および商品在庫推移表」をみる限り、本件申込みは「意図しない在庫の増加に対応した在庫資金（滞貨資金　☞第3章91ページ参照）であると思われます。

滞貨資金としての所要資金の算定は、現有在庫のうち適正在庫金額を上回る金額となるため、EさんはA社社長に適正在庫金額について質問してみましたが、A社の在庫管理は非常にラフなもので、適正在庫を決めてそれによって在庫水準を管理するという意識はありませんでした。

このため、Eさんはやむを得ず、相応の営業利益を計上していたX1期の数字を正常値と想定して在庫回転期間を計算し、適正（正常）在庫を試算してみたところ171百万円、所要資金は76百万円となり、ほぼA社の申込金額と同程度の金額になりました[注1]。

そこでEさんは、A社社長に対して今後の「販売計画（含在庫調整の具体策）」の作成と提出を要請し、あわせて「担保増額についての打診」を行いました。

(注1) 適正（正常）在庫及び所要資金の想定
　① （X1期の在庫回転期間）
　　 177百万円÷（827百万円÷12カ月）＝ 2.568カ月
　② 適正（正常）在庫の想定額
　　 （801百万円÷12月）× 2.568カ月 ≒ 171百万円
　③ 所要資金
　　 247百万円 − 171百万円 ＝ 76百万円

その翌日、EさんはA社社長から「具体的販売計画については早急に作成して提出する」との回答を得ましたが、「担保の増額については適当な物件がなく不可能」との返答がありました。

そこでEさんは支店長と相談のうえ、以下の条件をA社社長に提示しました。

・担保増額が不可能であるなら、申込金額を融資シェアに応じた金額25百万

円（80百万円×30％）に減額すること
- 期間１年の一括返済ではなく分割返済とし、A社の主要販売先であるM百貨店からの振込を当行口座に指定替えすること

以上の提案を行った後、A社社長が上記提案を受け入れ、改めて借入意思を明確にしたため、Eさんは貸出稟議書の所定欄を以下のとおり作成しました。

要資事情・資金使途

　在庫資金としての申込み。従来から売上横ばい傾向にあったところ、東日本大震災後の消費不況が重なり在庫が増加した。売上債権回収サイトも長期化傾向にあり資金が必要となったもの。

必要金額の妥当性

　資金必要額は、適正在庫回転期間 2.6、現状 3.7 にて約 80 百万円増と算定（上記計算を付記する）。

所　見

- 当初申込みは金額 50 百万円の一括返済であったが、今後の業績見通しの不透明さに加え保全面の弱さに鑑み、担保増額要請を行ったが不調に終わったため、融資シェア相当の 25 百万円に減額し分割返済条件を付したもの。また、A社主要販売先M百貨店からの振込（月額 2～3 百万円）を当行口座に指定替えする旨の確約を得たことにより、返済財源は確保される。
- 本件実行後、保全面は若干低下するが、賞与資金および本件の約定弁済により、短期間にポジションは改善される。また、商手支払人口は小口分散し決済懸念なし。

以上により、本件を採り上げたい。

（本事例のまとめ）

　A社社長とのヒアリングの中で、「資金使途」および「所要（必要）金額」を説明するためには、どのような資料やデータが必要かをあらかじめ考え、必要な資料やデータの提出をすみやかに要請することが大切です。

　当社の「業績および商品在庫推移表」を見る限り、当社の営業上の競争力には大きな問題（商品力・販売力における競争力の弱体）があると推測され、滞貨に

なっている在庫の解消（見通し）は極めて困難であり、結果として内部留保利益によって返済しなければならなくなる可能性が高いと考えられます。

　そのうえ（在庫内容を確認しなければ確かなことはいえませんが）、相当額の不良在庫の発生・内在が推測されることによって、Ａ社の業績は実質赤字が続いていたとみられ、確実な返済財源を別途確保しなければ、分割弁済条件を付けた意味自体がなくなってしまうことが懸念されました。

　このため、Ａ社の大口取引先であるＭ百貨店からの振込（月額２～３百万円）を当行口座に指定替えすることを要請し、その確約を得ることによって、安定した返済財源を確保することができたわけです。

第2章　貸出稟議書の作成から決裁までのポイント

1．良い貸出稟議書の条件
　(1)　読みやすい内容であること
　(2)　採否の判断を行うために必要十分な事項が記述されていること
　(3)　十分な時間的余裕をもって提出すること
2．良い貸出稟議書を作成するコツ
　(1)　読み手は誰かを意識して書くこと
　(2)　本部決裁の特性を踏まえて対応すること
　(3)　受付時における注意事項
　(4)　新規融資先に対する対応・心構え
3．担当者の対応（姿勢）
　(1)　渉外（得意先）担当者に求められる対応
　(2)　窓口（融資）担当者に求められる姿勢
4．不十分な貸出稟議書
　(1)　不十分な貸出稟議書の例
　(2)　新人や若手担当者が陥りがちなミス
　(3)　渉外担当者が陥りがちなミス

1．良い貸出稟議書の条件

繰り返しになりますが、貸出稟議書とは「ある案件を推進したい者が内容を起案し、決裁権限を持つ者に回付して、貸出実行の決裁を受ける（採り上げの是非を問う）業務上の書類」です。

管理スパンの長短等によって多少の違いはありますが、決裁権限者は押しなべて多忙であり、かつ、ほぼ貸出稟議書の記載のみによって案件の採否を判断しなければなりません。こうした貸出稟議書の決裁にかかわる仕組みや状況に鑑み、良い貸出稟議書、不十分な貸出稟議書とはどのような特徴をもつものか考えてみましょう。

❶ 読みやすい内容であること

冒頭で述べた貸出稟議書の意義を踏まえ、貸出稟議書を作成するにあたって第一に留意すべき点は、決裁権限者にとって読みやすい内容であることです。

このため、下記①〜⑤の要素を意識し、抽象的な表現は避け簡潔な文章の作成を心がけることが大切です（修飾的な語句や敬語は不要）。かといって、経験が浅い若手担当者が貸出稟議書の記載だけですべてを伝えようと苦心した結果、かえって論点が曖昧になってしまうケースがあります。

なるべく付属資料を活用し、ポイントを捉えたコメント（付属書類を添付した趣旨、付属書類から読み取れる課題・事項など）を添えるようにしましょう。

① 極力、箇条書きで簡潔明瞭に記述する。
② なるべく結論を先に記述する。
③ 返済財源や判断根拠などについては極力計数を用いて説明し、推測・憶測などは行わない。
④ 客観的かつ正確な記述を心がけ、マイナス情報がある場合は、問題点として明らかにしたうえで改善策やその可能性についても触れる。
⑤ 漠然とした表現ではなく、しっかりした裏づけに基づいて具体的に記述する。

なお、読みやすい貸出稟議書を作成するためには、申込企業の経営実態と今後の事業展開について、担当者は「何を根拠として、どのように判断したのか」というストーリーが大切です。貸出稟議書を書く際は必ずこのことを念頭において、まず記載内容についての構想[注1]をしっかりと固めてから案件についての記載に取りかかることが肝要です。

(注1) 稟議内容についての構想
この構想の基盤になるものは、取引先企業（事業）の見方（経営陣の資質および企業財務を主体とした「経営の継続性」と、収益の根幹になる「事業上の特性」）です。これによって申込企業が将来的に堅実に存続しうる先であるという理論を構築するのです。

❷ 採否の判断を行うために必要十分な事項が記述されていること

良い貸出稟議書を作成するための第二の留意点は、採否の判断を行うのに必要な事項が十分に調査・分析されていることです。

とりわけ本部審査部門の決裁権限者は、ほぼ貸出稟議書だけによって採否を判断しなければなりません。他方、営業店で貸出稟議書を審査・決裁する支店長や上席者は、逆に申込先を知っているだけに主観が入る余地が多分にあります。

つまり、貸出稟議書の決裁にかかわる権限者はそれぞれ異なる立場にありますが、等しく、正しい判断を下すための客観的かつ定量的な情報を求めているのです。このため、所見欄は特に次の3点に焦点を絞り、明確に表現するとともに、「決算状況」に加え「最新の試算表」を分析するなど、定量的データに基づいた客観的情報を伝達するようにします。

① 資金使途と金額の妥当性
② 課題や問題点（業況、貸出条件、保全面など）
③ 採り上げ理由（とりわけ回収の確実性、なお、特に説明が必要な部分については、付属資料や補足説明などによって別途記載する）

❸ 十分な時間的余裕をもって提出すること

良い貸出稟議書の作成における最後の留意点は、上司や決裁権限者が案件内容について十分審査検討し、質を高めるための提案や別途交渉の必要性を指示する可能性も考慮し、十分な時間的余裕をもって提出するよう心がけることです。

2．良い貸出稟議書を作成するコツ

① 読み手は誰かを意識して書くこと

　前項においては、良い貸出稟議書が一般的にどのような要件を備えているか、ということを説明してきましたが、ここでは、さらに具体的観点から解説を加えていきたいと思います。

　良い貸出稟議書を書くためには具体的にどうしたらよいか。最も具体的にイメージしやすい方法は、「貸出稟議書は、誰が、どのように（あるいは何のために）読むのか」を念頭において記述することです。

　たとえば、店長決裁案件であれば、同一店内の上席者や支店長席など、申込先企業のことをよく知っており、担当者とも情報の共有が図られているメンバーが見ることになるため、店内案件検討会や上司との業務上の会話の中で指示されたポイントについて簡潔に記載すれば足りるケースが多いと思われます。

② 本部決裁の特性を踏まえて対応すること

　一方、本部決裁案件については、店長決裁とは異なり、通常、申込企業との接触がなく情報も限られているため、原則として貸出稟議書の記載のみによって採否の判断を行わなければなりません。

　このため、貸出稟議書の記載要件（欄）を満たすとともに、特に「所見」欄には当該案件を判断するにあたって重要と考えられるポイントに加え、担当者としての明確な見解を記述する必要があります。

　なお、本部決裁について注意しなければならない点は、本部決裁部門は金融機関全体の信用リスクを管理する立場にあることから、取引先企業の信用格付を中心に財務データを重視した審査を行うということです。

　その結果、採否の判断は、あくまで客観性のあるデータや情報が重要視される傾向があるため、担当者が直接取引先企業と接触する中でつかんだ定性情報の中

で、財務データから得られる情報とは違った(あるいは一層強調すべき)重要な事実を証明する事項については、根拠(関連資料があれば添付)を示したうえで、「所見」欄や別紙等に明確に記述しておくことが肝要です。

なお、その場合は、必ず、「情報メモ」等によって詳細を支店長席にも伝えておかなければなりません。その理由は、本部稟議についての起案者が、組織上は支店長になるからです。

❸ 受付時における注意事項

■1 新規融資先の申込み経緯の確認

一口に新規融資先からの受付といっても、「融資先が直接店頭で申し込んでくるケース(いわゆる「飛び込み申込み」)」、「優良取引先の紹介によって申し込んでくるケース」、「渉外担当者等が新規開拓先としてアプローチしていた先からの申込み」など、さまざまなケースがあり、それぞれの経緯を踏まえ融資の可否を判断することが必要です。

さらに、融資申込みの経緯は、その後の(将来的な)取引の発展性にも大きくかかわってくるため、貸出稟議書における重要な審査ポイントの一つになります。

新規融資先の申込み経緯

申込経緯	確認事項	原因または諾否判断のポイント
A 直接の店頭申込み ☞いわゆる「飛び込み」	「飛び込み」の理由	①取引金融機関に謝絶された理由 ②取引金融機関への不満・トラブルの内容
B 有力取引先を介しての申込み	斡旋理由の確認	①取引金融機関に謝絶された理由 ②取引金融機関への不満・トラブル ③当該有力企業側の都合・意図
C 金融機関側から既存取引先に紹介を依頼	既存取引先との関係	申込企業と紹介先企業との関係・影響度を調査把握したうえ、政策的要素も加味して判断する

上記 A B の経緯において最も多い原因は①のケースですが、別の理由によって申し込まれることが多いので、真の理由をしっかり聴取・確認し、慎重に見極めることが大切です。

2 ヒアリングにおける必要項目を列挙したメモを準備する

申込内容の聞き間違いや漏れがあってはなりません。このため、貸出稟議書の記載項目が埋まるように、ヒアリングにおける必要項目を列挙したメモを準備しておくと便利です。

また、取引先の申出（話）の展開に引きずられ、先方の申出に改善や検討の余地はないと思い込んで質問や意見を控えてしまったり、重要なポイントを聞き洩らしたりすることがないように注意しましょう。

3 申込み（含相談）内容を記録に残す

取引先企業から借入についての申込み（含相談）を受けた場合は、当該案件の採否が決定されるまでの間の記録を案件カード等、各金融機関所定の書類に記録、保存しておくことが重要です。

このことは、既存の小規模取引先等の案件について口頭で報告を行うことによって済ませた場合も同様です。

4 謝絶扱いになった理由を記録に残す

貸出稟議書を作成し決裁を仰いだ結果、決裁権限者によって否決された案件については、申込企業が納得できる合理的な説明をしたり、後日におけるトラブルを回避するため、謝絶扱いになった理由ならびにそれまでの経緯を必ず書面に記録・整理して残しておくことが大切です。

❹ 新規融資先に対する対応・心構え

1 貸出稟議のための基本的対応

既存融資先に対しては、主に決算内容に基づいた信用格付が作成されており、定期的に融資（推進）方針も決定されているはずであるため、その方針に沿った推進・対応を心がけていくことになりますが、新規融資先については、そのようなわけにはいきません。

新規開拓先としてリストアップされている先であれば、アプローチするうえでの指示なり一応の方針らしきものが決定しているケースもありますが、通常は決算書を含め満足な資料が揃っていないため、確固とした方針が確立しているケースはさほど多くないと思われます。

このため、新規先については、まず決算書を預かることから始めなければなりません。通常、決算書は3期分を預かり、定量的な財務分析を行うことから始めます。

また、同時に決算書には表れない定性的な要素を確認することも大切です。

❷現場視察（実地調査）の重要性

　融資の申込みを受け、貸出稟議書を作成するにあたっては、企業（事業）実態を十分に把握するとともに、案件の合理性を的確に判断するために必要な資料を先方に要請することになります。

　また、説得力ある貸出稟議書を作成するためには、できるだけ相手先企業の現場（メーカーであれば工場、店舗販売であれば売場）を訪問し、視察見学を行うことも重要です。

　実際に訪問し、自らの五感をもって感じた企業風土、現場で質問して得た知識など、担当者自らの視察に基づいて書かれた稟議書は、企業側から一方的に申し出られた内容や提出された資料だけで書かれた稟議書に比べ、その違いは明らかであり、審査する側に必ず伝わるものです。

　なお、実地調査（現場訪問）の重要性は、貸出稟議書作成時だけの問題にとどまりません。たとえば、メーカーの製造現場（工場）などは、大半の金融機関の職員にとっては馴染みが薄く、メーカー管理の真髄であり根本とも言える在庫管理や生産管理に至っては、最初は非常に難解に感ずると思われますが、実地調査の経験を重ねていくうちに少しずつ理解できるようになり、メーカーを見る眼（判断力）を養うことになります。

　要は、担当先をよく知ることであり、そのためには現場視察（実地調査）は欠かせない作業であり、金融機関の職員として自信と責任をもった対応（貸出稟議書の作成はその一部）を行ううえにおいて必要不可欠です。

❸定性情報の重要性

　「企業の実力は決算書の（実績）数字に表れる」として、ほとんど財務（分析）数値だけを材料（根拠）として貸出稟議書を作成している人をときおり見受けます。

　しかし、（上場大企業ならばともかく）中小企業の決算は、良くも悪くも当該企業の実態を表しているとはいえません。さらに、決算書の数字はあくまで過去の一時点における静態的数値であり、貸出稟議書によって実行する融資金の返済を受けるのは、将来において見込まれる事業成果からなのです。

　この観点において、中小企業の厳しい事業（競争）環境を考えた場合、今年の売上（たとえば、大手からの受注）が来年も続くとはいえないのであり、決算数字だけを頼りとした融資判断がいかに危ういものであるか容易に理解できるものと思います。

定性情報の主要な確認ポイント

経　営　陣

　中小企業の善し悪しは経営者によって決まります。したがって、取引先企業の経営陣を正しく評価できなければ、当該企業の信用力を正しく判断することは不可能です。

検討項目	①経営の実権を握っているのは誰か（必ずしも社長とは限らない） ②実権者の経歴、経営能力、リーダーシップ、人格、社員から信頼を得ているか ③経営陣の構成、力量、信頼関係、経歴（同族経営者、生え抜きの社員、出向者） ④後継者が（育って）いるか、トップを支えることができる力を持った力のあるナンバー2がいるか ⑤経営陣は個人資産をどの程度所有しているか、企業規模とのバランスはどうか
対応	頻繁に経営幹部と面談して、経営方針や中長期の計画に加え、理念や戦略なども聴取し、経営者としての資質や能力、人格やリーダーシップなどを把握する。

安全性・流動性（資金繰り）

　企業の存続（生死）は資金繰りで決まります。いくら利益を計上していても、資金繰りがうまくいかなければ黒字倒産となってしまいます。

　このため、取引先企業の資金繰りの実態を正確に把握することは極めて重要です。

☞社長が経理・計数に疎い場合や営業や製造など現場の発言力が非常に強い組織の場合、営業の売上至上主義や現場の拡大志向に引きずられ、不良債権や不稼働資産の増大によって資金破綻したケースも散見されており、経理部門の責任者の力量や毅然とした姿勢は極めて重要です。

検討項目	①経理（資金）面を実質的に掌握しているのは誰か ②資金管理の姿勢は堅実か　☞資金繰り表から月々の収支計画を立案したうえ、その実績を厳格にチェックし、計画と実績の差異分析を励行しているか。 ③売上債権の回収条件、仕入債務の支払条件、必要運転資金はどうか、そしてそれは安定しているか ④営業の戦略および方針に沿った中長期の資金計画が作成されているか 　☞とりわけトップラインである売上高とその回収が計画どおり実行されているか。 ⑤メイン金融機関はどこか、メイン金融機関の融資姿勢はどうか ⑥資金調達余力はどの程度見込むことができるか
対応	取引先企業がしっかりした収支計画を作成し、厳格な実績検証と分析を行っていることを確認するとともに、担当者も資金繰り計画表の提出を受け実績チェックを行う。また、所有資産（含代表者）の内容に加え担保設定状況を確認し、資金調達余力を概算しておく。

事業内容とその見通し・競争力

融資案件の掘り起こしや、担当先企業からの突発的な申出にも弾力的に対応できるように、以下程度の項目については、常日頃から理解・把握しておくことが大切です。

検討項目	①何を作っているのか（メーカー）、売っているのか（販売業） ②上記製品の市場性、将来的見通しはどうか ③主要な仕入先・販売先はどこで、そのウエイトはどのくらいか、安定先か不特定多数か ④取扱い製品の付加価値の程度、誰でも作れる（扱える）ものか差別化できるものか ⑤競合先はどこで、競争力の源となる要素は何か

所有資産の価値

検討項目	①事業用資産は自社所有か、賃借物件、リース物件か ②所有資産の活用状態と資産価値はどうか、含み損益の有無と金額 ③遊休資産の有無、資産の投資（投機）の有無 ④抵当権などの設定状況

良い貸出稟議書を作成するポイント

① 申込企業の定性情報を常日頃から聴取しておくことを心がける
② 申込資金の基本要件は具体的・簡潔に記載する
③ まず、申込内容を資金算定表や付表によって分析し、担当者自身が十分納得できた後に自分の言葉によって簡潔・明瞭に記載する
④ 問題点を隠して表面を繕うのでなく、問題点を明確に記載したうえで具体的な対応策を意見として記載する
⑤ 戦略的理由によって採り上げる案件については、もっともらしい理由を付けて体裁を整えるのではなく、堂々と採り上げ理由を記載する
⑥ 資金使途ごとのチェックポイントを体系的に整理しておき、申込受付時の面談からチェックポイントに沿って、質問を行い記載内容・融資条件を固めていく
⑦ 上記同様、申込受付時の面談時から必要な資料を取引先企業にしっかり要請していく

3．担当者の対応（姿勢）

❶ 渉外（得意先）担当者に求められる対応

　既融資先については、融資申込みに際しての手順・手続き（含貸出稟議書の作成）、役割分担などは事前に決まっていると思われるため、ここでは新規取引先に的を絞って説明します。

❶即答はしない

　渉外係が担当している企業は、（純新規先であれ預金取引先であれ）その企業内容については担当者として、ある程度把握したうえで訪問しているはずであり、当該取引先企業からの借入申込みについても、青天の霹靂ということはなく、一定の心づもりができているものと思います。

　しかし、それまで自金融機関との融資取引が必要なかったものが、今回借入申込みがあったことについての原因・理由については明確な説明を求め、まず担当者自身が十分納得することが必要です。

　その際、当該取引先企業からの説明が十分理解でき、申込金額も財務数値等に照らし相応の金額であると感じたとしても、即答することは避けましょう。貸出の可否は支店長（支店長権限の場合）あるいは本部権限者（本部決裁の場合）の専決事項であるため、決裁を得る前に返答することは越権行為になります。

　このような場合には、「わかりました。ご要望に沿えるよう、十分検討させていただき、改めてご返事にお伺いいたします」などと返答しておきます。

　また逆に、担当者自身の感覚としては、融資は到底不可能と思われるケースにおいても、その場で拒絶することはせず、「私がお聞きした限りでは、少し難しいかも知れませんが、上司ともよく相談しまして、改めてご返事にお伺いいたします」という程度にとどめておきましょう。

❷必要資料の徴求

　当該取引先企業が融資対象となり得る先であるか否か、さらにいえば、融資獲得目標の見込み先リストの中に当該企業をリストアップしているか否かなどによ

っても異なってきますが、申込みを受けた際は、取引先事業の状況について納得いくまで十分聴取してください。

そして同時に、保全についての意向も聴取しておくことが望ましく、信用保証協会の利用状況も確認しておきましょう。

さらに、それまで融資取引がなかったのであれば、決算書や資金繰り表などは徴求していないはずですから、決算書（含科目明細書）・資金繰り表のほか、資金使途に応じた計数資料をお預かりしておくことも忘れないようにしましょう。

当該資料を預かっていなければ、帰店した後、案件を上司に報告したり、店内協議にかけようとしても、先方の申出をただ漠然と取り次ぐだけの内容になってしまい、当該案件についての合理的な協議や検討が困難になります。

❸帰店後の「上司への報告」ならびに「店内協議」のポイント

融資取引において新規先となる場合は、徴求した資料に「取引先概要表」を作成・添付します。その内容は、当該案件の報告・協議の資料として活用に足るものであればよく、この段階において完璧（精緻）なものを作ろうとするあまり、時間や労力をかけ過ぎることは感心できません。ポイントを捉えてさえいればよく、スピード感を大切にすることの方が大切です。

上記のポイントは、借入金額や資金使途などによって異なります。比較的少額の運転資金であれば、試算表による最近の業績数字に加え預金取引の実績等が基本となりますが、ある程度まとまった金額であったり、設備投資資金などであれば、「資金使途とその背景」、「金額の妥当性」、「返済方法とその財源」に加え、「投資効果（設備投資資金の場合）」の分析」や「融資採り上げの狙い」「保全措置」などについてのコメントや調査が必要になるため、速やかに上司に報告し、その指示やアドバイスに沿って「店内協議」に向けた資料を作成準備した方がよいと思います（この点については自金融機関のルールに従ってください）。

❷ 窓口（融資）担当者に求められる姿勢

❶日々の姿勢

窓口（融資）担当者が応対する企業の大半は、取引実績のある先かと思います。担当者としては、当該企業の「沿革」、「事業概要」、「財政状態」、「取引振り」などはあらかじめ把握・理解し、当該取引先に対して現状どの程度の追加与信が可能かどうかについても大方の見当はつけておかなければなりません。

もちろん、業績や取引振りが芳しくない取引先に対して政策的に貸出を行わな

ければならないケースもありますが、それはあくまで組織としての判断であり、窓口における融資担当者の判断とは別次元の問題です。

つまり、窓口（融資）担当者は、担当している取引先に対する追加与信の可否を判断し得るに足る情報や知識の収集に常日頃努め、事業の現状（実態）を把握していることが、その対応や姿勢として求められるのです。

❷取引先企業の来店申込み

上記のことを前提として、既取引先が借入申込みに来店した場合は、まず、申込案件についての「資金使途」および「借入が必要となった理由（背景）」を確認することからはじめます。

それが賞与資金や決算資金のように、恒常的に発生し融資実績もある資金ならば、担当者として承知している当該取引先企業の業況や前回までの実績に照らして判断すればよく、さほど問題はないでしょう。

しかし、申込みが「赤字資金」や「リストラ資金」などであった場合は、その原因や背景ならびに効果等について十分に確認することは当然ですが、こうしたいわゆる「後ろ向き資金」をそのまま「赤字資金」や「リストラ資金」などとして申込みをするとは限りません。このため、表面上の申出が上記のような後ろ向き資金ではなくとも、「増加運転資金」や「つなぎ資金」などについては、資金が必要となった原因や理由についてしっかりと確認することが必要であり、取引先企業から申し込まれた内容を鵜呑みにして、それをそのまま稟議することは避けなければなりません。それは責任をもった担当者の姿勢ではありません。

稟議する（決裁を求める）融資内容を決定するにあたっては、下記の事項を十分調査・分析し、その結果、妥当と確信した内容をもって稟議を行わなければなりません（もちろん、取引先企業の申出が妥当であればそのまま稟議しますが、減額などの修正が必要と考えられる場合には、店内協議にかけ、支店長の指示を仰ぎ、交渉すべき場合は、取引先企業が納得するまで粘り強く交渉することが必要です）。

　a．所要資金の総額はいくらか
　b．上記資金の調達（自己資金および各金融機関への配分）はどのような見積もりになっているか
　c．現状の取引金融機関のシェアおよび従前の配分実績に照らして、今回の資金調達金額の配分は妥当か
　d．各金融機関の意向、応諾姿勢はどのような状況か（特にメインや準メイン行の動向は重要であり、当該金融機関の姿勢が消極的な場合は、企業の業況

悪化や競争力低下など表面化していないマイナス要因の発生が疑われます。また逆に、当該金融機関の姿勢が積極的な場合は、企業業績が拡大向上に向かっているケースが多いものです）

　　e．上記融資（金額）は、申込企業の経営上十分な効果が期待できるものか

　これらの確認作業は、長い間の取引だからといって、中途半端な理解で済ましてはいけません。中途半端な理解で作った稟議書は、内容も半端なものになってしまい、上司が見ると「漠然と書いた稟議書」であることが一目瞭然、わかってしまうものです。

❸借入の背景を突きつめ根本原因を理解する（実態把握）

　取引先企業が増加運転資金の借入に来店する場合、「支払手形（支手）の決済が多いので、決済資金の借入をお願いしたい」などと申し込まれるケースが多いのではないでしょうか。このような場合、取引先が持参した資金繰り表をチェックし、支手決済の金額が多いことを確認して、資金使途に間違いはないと判断して貸出稟議書の作成に取りかかる担当者が少なくありません。

　しかし、金融機関の担当者として重要なことは、「返済がキチンとされるかどうか」です。そのためには「なぜ、支払手形の決済金額が多くなったか、今後の資金繰りがどのようになるか」を突きつめて確認することが重要なのであり、増加理由（下記①～⑤）をしっかり確認することによって、今後の資金繰り状況と返済についての見極めを行うことです。

支払手形の決済が増加する理由

① 売上増加に伴う仕入金額の増加（注1）
② 設備投資を行い、その支払いのために支払手形を振り出した
③ 支払手形のサイト短縮による決済の重複（注2）
④ 資金繰り難による支払手形のジャンプ（注3）
⑤ 新製品の製造（販売）や季節商品の仕入など、特定の仕入増加（注4）

（注1）
　　①は、典型的な増加運転資金のパターンですが、金融機関担当者として確認しておかなければならないポイントは、「今回の売上増加が今後どのようになるか」という点です。仮に、今後も売上増加が続くのであれば、数カ月の間に再び資金不足が発生する可能性が高いため、当面の売上増加を見越した正味営業運転資金の調達について検討しておくことが必要です。

(注2)
　　③の手形サイトの短縮については長短両面があり、仕入先との交渉の結果、仕入価格引き下げの見返りとして行うケースがありますが、逆に、当該企業の信用力の低下によって仕入先に警戒された結果、仕入を継続するために手形サイトを短縮せざるを得なかったケースもあります。

(注3)
　　④についての懸念はいうまでもなく、手形のジャンプを行ったということは、資金ショートが発生した時点において銀行借入ができなかったことを意味しており、資金不足の原因とともに金融機関取引の実状を突きつめて確認しなければなりません。

(注4)
　　⑤に関しては2通りの確認が必要です。まず、新製品・商品にかかわる部分については、①の売上増加と同じく今後の販売見通しをつかみ、その見通しのいかんによって対応することになります。また、季節商品の仕入増加については、販売見通しに誤りがなければ数カ月程度内に回収が増加し返済となる資金であるため、販売見通しの確実性について従前実績の資料等によって説明を受け確認するようにします。

4．不十分な貸出稟議書

❶ 不十分な貸出稟議書の例

❶記載内容が漠然として具体性に欠ける

　　貸出稟議書による案件決裁は、書面に書かれた記載事項によって権限者の採否判断を仰ぐものです。したがって貸出稟議書には決裁権限者が案件を判断するために必要な情報がすべて客観的に記載されていることが必要であり、漠然とした内容で具体性に欠ける貸出稟議書では、その役割を果たしていないといえます。

❷案件についての実態把握不足

　　申込案件についての実態把握が不足している場合、決裁権限者は採否についての正しい判断ができませんので、担当者に再調査や追加資料の送付を指示したり、場合によっては、指示事項をメモして貸出稟議書をいったん返却して補足した後、再提出することを指示する等の対応をとることになります。

❸事実を記載していない貸出稟議書

　　まれに「申込企業の優れている箇所」のみを強調し、「決算書に表れないマイナス情報」が記述されていない貸出稟議書を見ることがあります。こうしたケースは、何としても案件を採り上げたいとの一心からそのような記述を行っているのでしょうが、厳に慎まなければなりません。

　　なぜなら、このような事実を記載していない貸出稟議書では、正しい融資判断ができないからであり、意図的にマイナス情報を隠したと見なされた場合、その担当者は虚偽の記載をしたとしてペナルティを受ける可能性も否定できないからです。

❹明確な判断が書かれていない

　　上記とは逆に、客観的な事実が記載されているだけで、それについて担当者がどのような見方をしているのかという明確な判断が書かれていない貸出稟議書もあります。

　　このようなケースの典型例は、貸出稟議書を作成した担当者自身が当該企業を

よく把握していないことによって、案件を採り上げたいけれども、その根拠を明確に示せないため、取引先企業について知っているプラス要素を片端から記述して、決裁権限者に前向きな判断（決裁）を仰ぐ（期待する）ケースであり無責任と言わざるを得ません。

❷ 新人や若手担当者が陥りがちなミス

❶資金使途の把握が不十分のまま進めてしまう

新たに融資業務を担当することになった若手担当者が陥りがちなミスの第一は、「資金使途の把握」を十分に行わないまま案件を進めてしまうケースです。

この原因の一つには、財務データを重視して決定される信用格付を中心とした融資対応についての誤解があるようです。多くの若手担当者は、取引先企業の善し悪しを決算データによって理解し判断しようとする意識・感覚が強く、前期決算の業績が良い取引先企業から「増加運転資金が必要」との申出を受けると、資金使途についてよく調査をしないまま、実績内与信として増加運転資金の融資に応じているケースを少なからず見かけます。

しかし、決算書の数字はあくまで過去の数値であることをよく理解し、直近の試算表や資金繰り表等を確認し、資金使途の妥当性と必要金額の算定根拠をしっかり確認することが大切です。

また、そもそも資金使途を正しく把握していなければ、資金使途に付随して決まってくる貸出期間、返済方法、保全の必要性などの融資条件を正しく判断することはできません。資金使途の正確な把握こそ、融資判断（貸出稟議書作成）の第一歩になるのです。

❷社長の話を鵜呑みにしているケース

二つ目に若手担当者が陥りがちなミスは、取引先企業の社長の話を鵜呑みにしているケースです。

これは特に金融機関の支店が所在する地域の老舗有力企業の社長など、その地域において影響力を持った人物が相手の場合に顕著であり、ある程度やむを得ない面もあります。

このようなケースにおいては、当然、相手の言葉を疑ってかかる必要はなく、むしろ、年長で経験も豊富な人物に教えを請うという姿勢で臨むことが大切です。そのためには一定の資料が必要であり、物の考え方やその根拠を教えていただき、担当者がしっかり理解することが、教えてくださる相手の方に対する敬意

というものです。

　取引先企業の社長が大人物であればあるほど、真剣に自分の話に耳を傾ける担当者に好意を抱くことが多く、「はいはい」と何でも一方的に鵜呑みにする担当者よりもはるかに好感をもたれることは事実です。

❸事業実態の把握不十分

　若手担当者が陥りがちな最後のミスは、事業実態の把握が不十分なまま案件を進めてしまうケースが少なくないことです。

　詳細は第4章を参照いただくとして、このような傾向は、既存取引先に対する手形貸付のコロガシ扱いや極度融資の同額更改など、いわばルーチンともいえる手続きで目につきます。格付や取引方針に変化がなければ、過去の記載内容をそのまま写したような貸出稟議書が作成されていることが少なくありません。

　取引先企業の業況については、確かに格付や取引方針を決定する過程において相応のチェックがなされているはずであり、上記のような更改手続きであれば、その後の融資管理においても実害はないと思われます。

　しかし、実害が発生しなければそれでよいのでしょうか？

　決してそんなことはありません。融資の同額更改手続きは、その時点において企業が抱えている問題点や将来への展望など、取引先企業と本音の情報交換を行う貴重な機会であり、その中で金融機関としての意見や情報、機能を提供し、取引先企業の発展向上に貢献する道を探ることが大切なのです。

　つまり、冒頭のケースは実態把握の貴重な機会を無駄にしていることであり、それでは担当者自身の成長もありません。それだけにとどまらず、自社の特徴（強み・弱み）を理解していない人を担当者として付き合わなければならない取引先企業にとっても、大きな損失であることを自覚しなければなりません。

　なお、上記は手形貸付のコロガシ扱いや極度融資の同額更改など、いわばルーチンともいえる手続きの場合でしたが、新規貸出案件、とりわけ設備投資案件などにおいては、厳格な実態把握が不可欠であることはいうまでもなく、前記「資金使途の把握」についても実態把握ができていなければ、表面的なものにとどまり正しい融資判断が困難になります。

❸ 渉外担当者が陥りがちなミス

❶新規開拓アプローチ先からの申込受付への対応

　新規取引を目指しアプローチしていた先から借入の打診があった場合、渉外担

当者とすれば、それまでの営業努力が実を結び、開拓先から一定の期待と信頼を得た結果であると感じられ非常に嬉しいはずです。

しかし、ここに優秀な渉外担当者が陥りやすい落とし穴があるのです。

それは、真面目な渉外担当者であるほど、（成果を上げたい一心で）この千載一遇の機会を逸しないように、案件を早期にまとめ上げることにかかりきりになるあまり、徴求すべき資料や書類の準備や要請が不十分のまま、貸出稟議書の作成にとりかかってしまうことです。

その結果、貸出稟議書を作成する過程において、確認しておかなければならない事項や添付すべき資料等が発生し、それを小出しに要請することによって、アプローチ先の不信感を増大させることになるのです。

またさらに、決裁を得る段階になって条件が付され、改めて調査した結果、思いもかけない事実を発見し、満足な対応ができない、身動きがとれないといった状況に追い込まれることもあります。

また、これとはまったく逆のケースとして、「せっかく実った成果なのだから、完璧な貸出稟議書を作りたい」と意気込むあまり、完璧に仕上げようとして必要以上に多くの時間と労力を費やしてしまい、資金を必要とするタイミングを失してしまうことがあります。

中小企業の社長の業務は広範にわたっており、真面目な社長ほど営業から生産あるいは現場作業の指揮まで多忙を極めていることが多く、その結果、経理関係は税理士任せにしており、決算書さえ会社に置いておらず会計事務所が保管しているといったケースすら珍しくありません。

当然、こうした先は厳密な資金繰り表などは作成しておらず、流動性預金残高を多めに維持しておき、あとは社長の感覚によって「今月はちょっと厳しい」とか「今月は大丈夫だろう」など、ラフな感覚によって凌いでいることが少なくないのです。

このような先に対しては、あれもこれもと詳細な資料をお願いした場合、時間がかかるばかりで、満足なものが出てこないことが普通です。そのため、完璧な貸出稟議書を作ろうと多くの資料を要請した場合、資料が揃う前にタイミングを失してしまうということになりかねないのです。

❷応諾スピードを優先するあまりの実態調査不十分

新規開拓先に限ったことではありませんが、取引先から渉外担当者が融資案件を受けた場合、当該取引先への深耕が深ければ深いほど当該企業への思い入れが強くなり、「当該企業のことは自分が良くわかっているから、早く回答してあげ

た方がよい」と考え、細々とした資料や実態調査は省いて、早期（短期間）に決裁を得ることに全力を上げてしまうことがあります。

しかも、こうした先に限って経理は税理士任せで、内部管理資料などほとんど作っておらず、詳細は社長の頭の中にあるということが多く、厳密な資料を要請しても、手間がかかるばかりでこちらが求めるようなものが出てこないということを、ベテランの担当者はよくわかっているのです。

こうしたケースは、融資業務の手引書に数多く紹介されており、「融資案件はタイミングが重要であり、100点満点の稟議書を作ろうと必要以上に多くの資料を要求してタイミングを逸することは厳に慎まなければならない」といった内容が書かれているものが多数あります。

たしかに、タイミングを逸することを戒める主旨についてはよく理解できるのですが、融資経験の浅い若手職員がこの表現を真に受けた場合、案件の早期成立に過度に重きを置く推進偏重の渉外担当者に育ってしまうことを懸念します。

融資取引先に対して上記のようなスタンスで臨んだ場合、多少アバウトな部分があったとしても、当初の少額の貸出ならば、「今後取引メリットを追求・拡大したい」または「これを契機として実態把握を深めたい」等々の表現によって決裁を得ることは可能かもしれません。

しかし、こうした実態把握が不十分な状態においては、その後も細々としたいわゆる「お付き合い的な融資関係」が続くだけであり、しかも、その間に何か想定外の事態が生じたときには、「こんなはずではなかった」とお互いに相手に対する不信感がつのる結果になってしまいます。

仮に、想定外の事態がまったく生じなかったとしても、このような取引は金融機関にとってメリットがないだけでなく、当該取引先企業の発展においても決してプラスではありません。つまり、当該取引先にこのようなラフな融資対応も可であるという間違った認識を与えたとすれば、当該企業の経営において長期的には極めて大きなマイナスであり、その本質的な成長を阻害する一因にもなりかねません。

金融機関と企業の関係も最初が肝心なのです。渉外担当者は、担当先について自身がメイン金融機関になったつもりで、まず実態把握に全力を尽くさなければなりません（もちろん、すべてがメイン取引になるわけではなく、経営上の問題や事業上の不透明要素等によってメインとなるべきではない先があることも事実ですが、それは担当者が実態把握に全力を尽くした結果の判断であり帰結であるべきです）。

❸都合の悪いことを省いて表現する

　前記❷同様、渉外担当者の借入申込先への深耕が深ければ深いほど当該企業への思い入れが強くなり、意識するか否かにかかわりなく、心情的に当該取引先企業の側に立った見方、考え方をしてしまうケースが起こりがちです。

　その結果、貸出稟議書作成にあたって、良い面や都合の良いことは大きく、問題点や都合の悪いことは過少に、あるいは省いて表現される傾向があります。

　しかし、渉外担当者は、こうしたこと（傾向）が、決して当該取引先企業のためにならないことを強く肝に銘じておかなければなりません。

　なぜなら、当該取引先企業が金融機関と長く安定した取引を続けていくためには、取引金融機関との強固な信頼関係が欠かせない条件であり、企業の問題点は問題点として正しく認識し、明らかにしたうえで、合理的な融資や情報交換を行うことができるよう常に心がけることが大切です。

事例 渉外担当者の貸出稟議書

【甲銀行乙支店の渉外担当者Ｅさんの貸出稟議書】

　X3年7月10日、甲銀行審査部のH主任は、乙支店の渉外担当者Eさんから同支店が従来から積極推進先としてリストアップしていた電子部品メーカー㈱M電子工業についての貸出稟議書を受け取りました。

　同社の業績は非常に良好であり財務内容にもまったく問題ない優良企業（金融機関借入は手形割引のみ）であるうえに、同社社長は地域経済界に大きな影響力を有しているため、甲銀行乙支店としては、ぜひとも深く深耕し関係を強化したい先でした。

　ここで、皆さんが審査担当者になったつもりで、Eさんが作成した貸出稟議書を検証し、当該貸出稟議書のどこに問題があるのか考え、問題点を書き上げてみてください。

乙支店の渉外担当者Eさん作成の貸出稟議書

貸 出 稟 議 書
(X3年7月10日)

店名		店長	次長	課長	担当

融資先	名称	㈱M電子工業 （年齢　）	業　種	電子部品製造	所要資金総額	30百万円
			資本金	150百万円	調達計画	当行 30百万円
			従業員数	41名		

要資事情・資金使途

　夏季賞与資金（平均支給額 735千円×41名）

内容	科目	極度または金額	利率	貸出予定日	期限または期間	返済方法
	手貸	30百万円	1.25%	X3.7.20	X4.4.1	期日一括返済

必要金額の妥当性

返済財源

担保（極度・金額等）	連帯保証人
信用扱い	

業績推移		売上高	経常利益	当期純利益	減価償却費	総預金	総借入金
	X1/3期	1,214	79	42	33	187	－
	X2/3期	1,352	98	51	31	215	－
	X3/3期	1,435	96	53	29	249	－

金融機関取引状況

　メインM銀行、G銀行、当行（普通預金平残3百万円弱）

　以上3行とも実質純預金取引

所見（担当者意見・営業店意見）

　夏季賞与資金の借入申込み。保全面にやや難があるが、当社は業績好調かつ財務内容良好の地元優良企業であり返済に懸念なく採り上げたい。

第2章　貸出稟議書の作成から決裁までのポイント

WORK SHEET

Eさんが作成した貸出稟議書の問題点（箇条書き）

問題点（箇条書き）	左記の理由・要因

解答例

乙支店の渉外担当者Eさんが作成した貸出稟議書の問題点（箇条書き）

問題点（箇条書き）	左記の内容・理由
①資金使途が賞与資金というのは不自然	・夏季賞与資金なのに返済期間が長すぎるうえ、期日一括返済も不自然です。
②保全に難ある上に預金取引が極めて脆弱。にもかかわらず改善策についてまったく言及されていないことは問題。	・当社は総預金を2億円超も有しているのに、なぜ30百万円の賞与資金を借入する必要があるのか疑問です。 ・また、当行の預金3百万円は他行の取引に比べ、いかにも貧弱であるにもかかわらず、取引振りの改善策および方針について一言の言及もありません。これは極めて不自然で不適切な姿勢です。
③なぜ当行で借入れようとするのか極めて不自然。	・3行とも実質純預金取引であるといっても、取引内容には著しい格差があります。にもかかわらず、なぜ最も取引貧弱な当行で借入するのか疑問です。

解説

❶返済期限および返済方法の不合理

従業員賞与は経費であるため、当該資金についての借入金は次の賞与支払時期までに収益によって分割返済するのが原則ですが、本件の返済期日は翌年4月と、次回賞与時期である12月を大きく超えているうえに、返済方法も期日一括返済となっており極めて不自然です。

❷所要金額の妥当性

従業員賞与の所要資金は、「平均給与額×支給月数×従業員数」によって算定されるので、前回実績等と比較検討し妥当性を検証します。

本貸出稟議書には前回支給実績の記載がないため、前回実績と比較することはできませんが、1人当たりの平均賞与支給額735千円は同業他社の水準に比較すると相当高い水準であることは間違いなく、確認が必要です。

本貸出稟議書には、前回実績の記載がないことがマイナスポイントの一つですが、その場合においても、同業同規模他社の支給水準を付記するなどして、決裁権限者が金額の妥当性を判断できるようにすることが大切です。

❸当行申込経緯が不明

当社の取引金融機関は3行ともほぼ純預金取引とのことですが、そうはいって

もメインでなく、かつ取引振りも決してよくない当行になぜ所要資金のほぼ全額の申込みがあったのか、その理由が不明です。

❹預金メリットの記載なし
賞与資金の融資を行うにあたって、預金メリットについての記載がまったくない貸出稟議書はナンセンスです。とりわけ当行の取引振りの貧弱さを勘案した場合、せめて従業員取引についてメリットを追求する姿勢がほしいものです。

❺その他
保全面については交渉してみたのか、また、業績良好の実質純預金先である当社に対する今後の具体的推進事項、取引メリットの追求等、積極的な取組方針を明確に記載すべきです。

【上記問題点を踏まえた対応とその結果】
上記の問題点を厳しくとらえた場合、本貸出稟議は採択に値しない案件であるとすら思われます。

乙支店の渉外担当者Eさんに上記問題点を質問したところ、Eさんから「本件は融資の需要が乏しい中、地元の超優良企業に対して、乙支店の側から強くアプローチし、乙支店支店長と㈱M電子工業社長が大学の同窓生であり旧知の間柄であった関係によって申込みをいただいたものであり、乙支店から一方的に売り込んだという経緯もあって、担保や保証を要求することができずに、信用扱いによって採り上げたいとしたもの。また、期日については、決算期をまたぐ（期末に融資残高を維持する）ことによって新規融資先の獲得実績としてカウントされたいためであった」との説明を受けました。

このため、審査部H主任は、Eさんの作成した貸出稟議書に指導的コメントを付けたうえ、支店からの依頼返却という形をとり、再度稟議し直すよう指導しました。

再稟議を指示した理由は、以下のとおりです。
① 金融機関の側から依頼した、いわゆる「セールス案件」のために、原則的な条件をややはずれた貸出を提案したり、他行の強い攻勢によって、当面の間、極めて貧弱な取引状態に目をつぶらざるを得ないなどの問題がある貸出金については、それが営業戦略上必要であるならば、そのことをあえて隠す必要はなく、正々堂々とその旨（理由）を率直に記載すべきです。

小手先のテクニックによって体裁を整え、資金使途など表面をつくろって

も、［解答例］のとおり、必ず不自然な箇所が明らかになるものであり、かえって、それが矛盾点となって案件そのものの価値や意図を損なう結果になることの弊害の方がマイナスです。

② たとえば、本案件についても、実質無借金経営の㈱M電子工業が、短期とはいえ30百万円もの借入申込みを、メイン行ではなく、極めて取引が薄い甲銀行に行ったことはいかにも不自然です。しかも、同社は期初において249百万円もの潤沢な預金残高を有していたことから、貸出稟議書を額面どおり読んだ場合には、突如、今期に入り当社事業に何か重大な事態が発生したのではないかと警戒せざるを得ません。逆に、そのような重大な変調が見られないとすれば、当該貸出稟議書自体の信憑性に疑義が生じ、虚偽記載の疑念が生ずる懸念すらあります。

Eさん作成の貸出稟議書についての添削指導例

貸 出 稟 議 書

（X3年7月10日）

店長	次長	課長	担当

店名：

融資先	名称	㈱M電子工業　（年齢　）	業種	電子部品製造	所要資金総額	30百万円
			資本金	150百万円	調達計画	当行30百万円
			従業員数	41名		

要資事情・資金使途
夏季賞与資金（平均支給額735千円×41名） **「賞与資金」としては不自然であり原材料仕入資金などとした方がよいでしょう。**

内容	科目	極度または金額	利率	貸出予定日	期限または期間	返済方法
	手貸	30百万円	1.25%	X3.7.20	X4.4.1	期日一括返済

必要金額の妥当性
〜〜〜〜〜〜〜〜〜〜〜〜〜〜〜〜〜〜〜〜〜〜〜〜

返済財源
〜〜〜〜〜〜〜〜〜〜〜〜〜〜〜〜〜〜〜〜〜〜〜〜

担保（極度・金額等）	連帯保証人
信用扱い	

業績推移		売上高	経常利益	当期純利益	減価償却費	総預金	総借入金
	X1/3期	1,214	79	42	33	187	−
	X2/3期	1,352	98	51	31	215	−
	X3/3期	1,435	96	53	29	249	−

金融機関取引状況
メインM銀行、G銀行、当行（普通預金平残3百万円弱） 以上3行とも実質純預金取引

所見（担当者意見・営業店意見）
夏季賞与資金の借入申込み。保全面にやや難があるが、当社は業績好調かつ財務内容良好の地元優良企業であり返済に懸念なく採り上げたい。 　**資金使途等を小手先で作文するのではなく、実状を正々堂々と記載することが大切です。たとえば、「当社は業績好調かつ財務内容良好の地元優良企業であり、本件は融資採り上げを契機として関係強化・取引深耕を狙った積極セールス案件である」などです。**

第3章　稟議種類ごとの検討事項と記載上のポイント

　　【定型的な貸出稟議書】　　【個別案件についての稟議】
　　　1．申込金額の算定　　　　1．在庫資金
　　　2．経常運転資金　　　　　2．減産資金
　　　3．増加運転資金　　　　　3．つなぎ資金
　　　4．決算資金　　　　　　　4．赤字資金
　　　5．季節資金　　　　　　　5．長期運転資金
　　　　　　　　　　　　　　　　6．設備投資資金
　　　　　　　　　　　　　　　　7．多店舗展開企業の出店資金
　　　　　　　　　　　　　　　　8．他行肩代り資金
　　　　　　　　　　　　　　　　9．起業（創業）資金

【定型的な貸出稟議書】

1．申込金額の算定

資金使途	算定式
経常運転資金	（現預金＋売上債権＋棚卸資産＋前渡金）－（仕入債務＋前受金）
増加運転資金	月商増加額×$\left(\dfrac{売上債権}{回転期間}+\dfrac{棚卸資産}{回転期間}-\dfrac{仕入債務}{回転期間}\right)$
決算資金	納税金額、賞与実際支払額
季節資金	仕入金額

　上記のような資金使途の申込みについては、まず担当者自身が「申込金額の妥当性」を検証してみることが大切です（上表の算定式によって所要（必要）資金を算定）。

　その結果、申込金額が算定金額を上回っている場合は、改めて正確な資金使途を申込企業に確認することが必要です。このような場合は、複数の使途をまとめて申し込んでいるケースが珍しくなく、借入申込額と必要資金の整合性チェックは欠かせない作業です。

2．経常運転資金

❶ 経常運転資金とは

　経常運転資金は「底だまり資金」ともいわれ、企業の正常な操業状態（季節的変動や特殊要因による変動を除いた状態）における適正な棚卸資産・売上債権・仕入債務金額に見合う資金（＝正常な事業活動を遂行するうえで必要となる資金）を指します。

> 経常運転資金＝（現預金＋受取手形 (注1) ＋売掛金＋棚卸資産＋前渡金）
> 　　　　　　－（支払手形＋買掛金＋前受金）
> （注1）受取手形には割引手形金額を含みます。

　経常運転資金は上記算式によって計算されますが、上記経常運転資金の定義にあるとおり、本算定式の数値は、本来、期末時点の決算書や試算表上の数字ではなく、あくまで当該企業の支払条件、回収条件、適正在庫量から理論上導き出された正常な数値でなければいけません。

　仮に、期末時点の決算書や試算表の売上債権金額の中に回収不能な債権が含まれていたり、棚卸資産金額の中に陳腐化した在庫が混在していた場合、経常運転資金は必要以上に膨らんだ金額になってしまうため、「正常な事業活動において必要になる資金」と定義される「経常運転資金」は、決算書の数値に含まれている当該特別あるいは一時的な要因を除去し、本来あるべき正常な状態に引き直して計算することが必要です。

　このため、上記経常運転資金の算式における各勘定の正常な残高は、次の算式によって求めることになります。

> 各勘定の正常な残高＝月間の発生金額×滞留月数（期間）

この「正常な残高」について、受取手形と売掛金を例にとってみると、受取手形の場合、月間の発生金額は「売上高と手形回収比率の積」であり、滞留期間は「手形のサイト」になります。

$$
\text{受取手形の正常な残高} = \overbrace{(\text{平均月商} \times \text{手形回収比率})}^{\text{月発生金額}} \times \overbrace{\text{手形のサイト}}^{\text{滞留期間}}
$$
$$
\fallingdotseq \text{平均月商} \times \text{受取手形回転期間}
$$

また、売掛金の場合には、月間の発生金額は「現金販売を除いた売上高」、滞留期間は「売掛金の回収期間（受取手形による回収も含む）」となり、正常な売掛金残高はこの両者の積として算定されるわけです。

$$
\text{売掛金の正常な残高} = \overbrace{(\text{現金販売を除いた売上高})}^{\text{月発生金額}} \times \overbrace{\text{売掛金の回収期間}}^{\text{滞留期間}}
$$
$$
(\text{受取手形による回収を含む})
$$
$$
\fallingdotseq \text{平均月商} \times \text{売掛金回転期間}
$$

こうして経常運転資金の正常な金額を、理論上算定することができるわけですが、現実には極めて困難な作業といわざるを得ません。

なぜなら、売上債権を例にとった場合、販売先ごとに「回収条件やサイト」はそれぞれ異なっており、また「現金販売と掛売上の割合」も製品のアイテムや取引先企業の資金繰りによって変化するケースがあるためです。

このように、滞留期間についても、月発生金額についても、正常な値を算定することは、現実には極めて困難なのです。

さらに、棚卸資産について、正常（適正）な在庫金額[注2]を算定することはより一層困難です。

> **（注2）適正在庫の算定**
> 　理論的には、商品アイテムごとに、品切れによる機会損失と在庫保有によるコストを比較検討し、ほぼトレードオフの関係にある両コストの和が最小になる値を求めることになるのですが、品切れによる機会損失には、どの程度までの品切れなら許容するかという当該企業の戦略的方針も加味して検討されるため、極めて高度で戦略的な計算になります。

以上、経常運転資金の計算において正常とされる値を正確に算定することは、企業側において内部管理能力（資料）を結集して行ったとしても、非常に難しい作業であるといわざるを得ません。まして、金融機関が取引先企業の決算書を手

がかりにして、正確（正常）な数値を計算することは、理論上も実際上も極めて困難です。

このため、現実的な計算や分析においては、下記①～③の方法によって算出した値（回転期間）を比較検討し適宜使い分けています（これらの平均値を使用するケースもあります）。

① 過去3期程度の決算書上の受取手形、売掛金、支払手形、買掛金の金額から（不良債権等の）異常値を控除した金額によって回転期間を計算し、その平均値を用いる。

② 公表されている各種「業種別経営指標」によって取引先事業の平均回転期間を把握し、これを正常な数値（条件）とみなす。

③ 取引先へのヒアリングによって妥当（合理的）な条件（数値）を聴取し、その数字を用いて計算する。

上記のうち、最も多く用いられている方法は、①過去3期程度の各資産・負債の回転期間（特別あるいは一時的な要因のうち確認できた部分を修正した後の数値）を算定し、その平均値を用いる方法です。

この方法は、主要取引先や取扱い製品の構成によって多少の変動はありますが、数期間の平均をとれば、その企業固有の（正常な）回転期間を算定できると考えられており、具体的な活用方法としては、現状の売上高に上記回転期間を用いて資産負債金額を計算し、現状の売上高に対応した必要資金量（経常運転資金）を算定するケースです。

また同様に、将来的な売上高に対し、どのくらいの資金（経常運転資金）が必要になるか試算してみる場合などにも使用します。

経常運転資金のチェックポイント

① 売上債権や棚卸資産に回収不能債権や不良在庫が内在していないか
② 経常運転資金の計算は妥当か
③ 売上高や仕入高の将来的見通しはどうか
④ 他の運転資金需要が混入していないか

❷ 経常運転資金の調達と返済

❶返済財源について

　経常運転資金は、前述したとおり、売上債権、棚卸資産、仕入債務のバランスから構造的に生ずる資金であり、継続的かつ恒常的に必要になります。

　このため、返済財源が発生するのは、上記バランスが崩れたときになり、具体的には、需給環境の変化による「現金売上割合の変化」や「手形サイトの変更」、また、メーカー側の生産技術向上による製造のリードタイム短縮による「適正在庫の減少」などによってです。

　しかし、こうした回収条件や手形サイトの変化、適正在庫の増減などは、通常、頻繁には起こりにくいことに加え、企業の発展成長（売上増加）の過程において増加運転資金需要が逐次発生してくるため、上記が返済財源になることは現実にはほとんどありません。

❷実行形態

　経常運転資金は短期借入として捉えられていますが、上記返済財源についての考察からも明らかなとおり、通常は「底だまり資金」として、企業が存続する限り継続的・恒常的に必要なものであり、手形貸付とした場合はコロガシ扱いになるケースが大半です。

　一方、金融機関の立場においては、主に返済財源の確実性といった見地において、運転資金は割引手形から優先的に実行されることになります。

　この状態を貸借対照表の調達と運用のバランスの中に表すと次の図のようなものになります。

通常のパターン

売上債権＋棚卸資産	仕入債務	
	割引手形	｝経常運転資金
	手形借入	
固定資産	固定負債＋純資産	

運転資金の固定流用が生じているケース

売上債権＋棚卸資産	仕入債務	経常運転資金
	割引手形	
固定資産	手形借入	
	固定負債＋純資産	

純資産および長期負債が潤沢であるケース

売上債権＋棚卸資産	仕入債務	経常運転資金
	割引手形＋手形借入	
固定資産	固定負債＋純資産	

❸ 経常運転資金のチェック

　繰り返しになりますが、通常、経常運転資金として投入された資金は恒常化することになります。

　なぜなら、当該資金は棚卸資産や売上債権として運用され、それらが現金として回収されると、その資金は次の商品仕入のために投入され、売上債権へと転化していきます。このために当該資金は恒常化するのであり、経常運転資金として実行された貸出金は、期日が到来すれば、書替継続または返金新規扱いになるのです。

　こうして必然的に「コロガシ扱い」になるものが短期資金とされている理由は、この資金の使途に対応している資産（受取手形、売掛金、棚卸資産など）が流動性が高い（状態で保有されている）とみなされているからです。

　したがって、当該資産に流動性を欠く資産（不渡手形や不良在庫など）が混入している場合は、経常運転資金が経常運転資金ではなくなっているということであり、「資金使途を経常運転資金とした貸出稟議書」を審査する際におけるポイントの一つになります。

このため、資金使途を経常運転資金とした場合、「その金額の妥当性」については、計算の正確性とともに、算定根拠となった資産のうちに「正常でない資産」が含まれていないことを確認することが必要になるのです。

この場合の「正常でない資産」とは、上記の不渡手形や不良在庫は当然ですが、特別な一時的要因によって増加した売上債権や、何年に一度の周年セールのために用意した商品在庫なども原則として含まれます。

その結果、確認された「正常でない資産」に対応する金額について借入が必要な場合には、「在庫資金」などとして別途調達し、その原因が消滅した時点で返済するなど、その使途に正しく対応した資金管理が重要になります。

以上、経常運転資金の貸出稟議書においては、通常、要資事情は添付した付属資料によってある程度説明がつくため、売上高と資産・負債の中身についての健全性（不良資産等がある場合はそれについての厳格な対応）と「当該取引先に対する取組み方針（含他行動向）」について言及することになります。

貸出稟議書の作成（提出）に必要な書類

- 主要取引先別売上実績表、仕入実績表（売上・仕入の実績と動向、回収・支払条件の確認）
- 資金繰り実績予定表（資金の需要と調達の状況確認）
- 試算表（直近の業績、経常運転資金の理論値と試算表上の数字との比較分析）
- 金融機関取引一覧表（他行の取組み状況）など

事例 経常運転資金の算定

A商事の下記前提条件によって同社の所要経常運転資金を算定してみましょう。

[前提条件]

平均月商200百万円、売上原価率60％、適正在庫期間2カ月

売掛期間1.5カ月、手形回収率60％、受取手形サイト3カ月

買掛期間1.5カ月、手形支払率50％、支払手形サイト3カ月

WORK SHEET

［所要経常運転資金の算定］

［所要経常運転資金］

解答・解説

［所要経常運転資金の算定］

売掛金正常残高	200百万円 × 1.5カ月	= 300百万円
受取手形正常残高	200百万円 × 0.6 × 3カ月	= 360百万円
適正在庫残高	200百万円 × 0.6 × 2カ月	= 240百万円
買掛金正常残高	200百万円 × 0.6 × 1.5カ月	= 180百万円
支払手形正常残高	200百万円 × 0.6 × 0.5 × 3カ月	= 180百万円

［所要経常運転資金］

$$(300 + 360 + 240) - (180 + 180) = 540 百万円$$

　上記経常運転資金の所要金額540百万円については、受取手形の割引によって最大360百万円まで調達が可能であり、商手割引を最大限行ったと仮定した場合、残り180百万円については、別途借入調達することが必要になります。

　なお、所要（経常）運転資金の算定には2つの方式があり、上記はいわゆる「在高方式による計算」であり、もう一つは「回転期間方式による計算」です。後者の方式においては、平均月商に「立替サイト」を乗じて算定します（次項・増加運転資金の事例参照）。

> 立替サイト＝売上債権回転期間＋棚卸資産回転期間－仕入債務回転期間
> 所要（経常）運転資金＝平均月商×立替サイト
> 所要増加運転資金＝平均月商増加金額×立替サイト

3．増加運転資金

❶ 増加運転資金とは

　経常運転資金は、事業規模の拡大に伴って増加し、追加的な資金需要が生ずることになります。この追加的な資金需要に対応するものが、一般的に「増加運転資金」といわれるものです。

　増加運転資金は、当初発生した時点（段階）においては、売上高の新たな増加など、下記の要因に対応して発生するものですが、増加した売上が安定した以降は経常運転資金に転化し区別する理由はなくなります（一体化）。

❷ 増加運転資金の発生要因

　a．売上増加
　b．売上債権等の回収期間の長期化
　c．仕入債務の支払期間の短縮
　d．棚卸資産の回転期間の長期化

　上記の発生要因のうち、aの売上増加により増加運転資金が発生するケースは、業容拡大に伴うものであり問題はありません。

　しかし、b、cは企業間信用の変化に起因するものであり、取引関係上あるいは採算上不利な要因となる可能性があります。

　さらに、dの棚卸資産の増加については、取扱い製品や事業の本質にかかわる重大な問題が発現している可能性も否定できないため、その要因（下記参照）については、慎重に調査・分析することが必要です。

　① 売上債権等の回収期間が長期化する要因
　　・販売先の発言力が強く、不利な条件を強いられている
　　・回収困難な売掛金や不渡手形の発生
　　・売上債権の回収・管理の杜撰さ

- 無理な押し込み販売の存在
② 仕入債務の支払期間が短くなる要因
- 仕入先が当社の信用力に疑念を抱いている
- 主要仕入先の変化
③ 棚卸資産の回転期間が長期化する要因
- 売上不振や管理の杜撰さによる過剰在庫の発生
- 不良品の発生等に起因した返品やデッドストックの存在
- 架空在庫等の粉飾
- 製造工程のトラブルによる仕掛品の増加

❸ 増加運転資金の調達と返済

　前記のとおり、増加運転資金も調達と運用のバランスにおいて構造上必要となる資金ですから、上記理由によって必要となったものについては、外部調達（借入）の必要が生じます。

　なお、増加運転資金は、売上増加などによって発生しますが、それが平準化した段階（時点）、あるいは回収や支払いの条件変更が一巡した段階（時点）においては増加運転資金としての資金需要がなくなり、前述したとおり、恒常的な運転資金として経常運転資金に転化し管理されることになります。

貸出稟議書の作成（提出）に必要な書類

- 主要取引先別売上実績表、仕入実績表
- 資金繰り実績予定表
- 試算表
- 金融機関取引一覧表

増加運転資金のチェックポイント

① 発生要因が「企業間信用の変化」「在庫保有期間の長期化」による場合は、その原因を十分に調査・分析することが重要
② 増加運転資金に名を借りた赤字資金に注意する
③ 商手の銘柄と金額の合理性をチェックする

[事例] 増加運転資金についての貸出稟議書

　X3年6月10日、菓子卸問屋A食品㈱の社長から、売上増加に伴う増加運転資金として商手極度枠を70百万円から90百万円に20百万円増額してほしい旨の申出がありました。

　対応にあたったC課長がヒアリングしたところによると、「直近期決算の平均月商は約47百万円で今期に入っても同程度の低調な状態が続いていましたが、先月に入った途端、一昨年発生した大震災後の自粛ムードが一変し、新商品の発売をきっかけとして月次の売上高が59百万円に急増しました。現状の市況（需要動向）を考慮した場合、来月以降も引き続き現在の好調・高水準が継続することは確実であり、年度内の平均月商は59百万円になる見通し」とのことでした。

　C課長は、同社長が増枠後の商手支払人口銘柄を従来同様実績ある特定優良先に限定することを了承してくれたことから、月次売上高の実績および今後の予想売上高等の計数資料の提出をお願いし、貸出稟議書の作成にとりかかりました。

　そこで皆さんも、本件についての貸出稟議書（記載可能な主要項目だけで結構です）を作成してみてください。

　その後、C課長作成の貸出稟議書とご自身が作成したものを比較検討し、それぞれの良い点、改善すべき点を確認し、本稿の解説を参考に理解を深めるようにしてください。

　なお、当社は、回収・支払いともに手形100％であり、受手サイト・支手サイトはともに3カ月、在庫回転期間は3カ月とします。

WORK SHEET

貸 出 稟 議 書
(X3年6月10日)

店名		店長	次長	課長	担当

融資先	名称		業種		所要資金総額	
			資本金		調達計画	
	(年齢　)		従業員数			

要資事情・資金使途

内容	科目	極度または金額	利率	貸出予定日	期限または期間	返済方法
			2.5	X3.6.30	X3.12.30	

必要金額の妥当性

返済財源

担保（極度・金額等）	連帯保証人

業績推移		売上高	営業利益	経常利益	当期純利益	減価償却費	償還財源	総借入金
	X1/3期							
	X2/3期							
	X3/3期							

金融機関取引状況
乙信用金庫との併行取引先（融資シェア50％）

所見（担当者意見・営業店意見）

第3章　稟議種類ごとの検討事項と記載上のポイント

C課長が作成した貸出稟議書

貸 出 稟 議 書
(X3年6月10日)

店名		店長	次長	課長	担当

融資先	名称	A食品㈱ （年齢　　）	業　種	菓子卸問屋	所要資金総額	
			資本金		調達計画	
			従業員数			

要資事情・資金使途
増加運転資金

内容	科目	極度または金額	利率	貸出予定日	期限または期間	返済方法
	商手	(70) 90	2.5	X3.6.30	X3.12.30	

必要金額の妥当性

返済財源

担保（極度・金額等）	連帯保証人

業績推移		売上高	営業利益	経常利益	当期純利益	減価償却費	償還財源	総借入金
	X1/3期							
	X2/3期							
	X3/3期							

金融機関取引状況
乙信用金庫との併行取引先（融資シェア50％）

所見（担当者意見・営業店意見）
売上急増による増加運転資金の申込み、新商品の発売と震災後の消費不況からの脱却を背景に売上急増となったもの。直前期であるX3／3期中の平均月商および今期X3年4月の月商実績は約47百万円、X3年5月の月次売上実績59百万円、本年度内の平均月商見通し59百万円。商手支払人口銘柄を特定先に限定することによって決済に懸念なく、増額要請に応じたい。

繰り返しになりますが、担当者（特に経験の浅い若手）が貸出稟議書を作成するにあたって、まず第一に意識すべきポイントは、「資金使途および要資事情が何であるか」ということと、「申込金額の妥当性」についてです。

　この観点により、申込内容をしっかり分析し金額の妥当性を検証することによって、明確な根拠に基づいて担当者自身が納得することが肝心です。しかるにC課長が作成した貸出稟議書をみると、まず「金額の妥当性」についての記載がありません。

　「金額の妥当性」についての算定根拠が示されていないと、審査する側や決裁権限者は非常に困ります。なぜなら、多数の案件を審査・決裁しなければならない決裁権限者が、このような基本的な記載事項についていちいち担当者に照会していたのでは、審査・決裁が滞り、多くの取引先の資金需要に応じきれなくなる恐れがあるからです。

　ただし、金額の妥当性については、「資金繰り表」に加え「月次売上高の実績および今後の予想売上高」等の計数資料を添付するのだから、当該資料を見ればわかるはずではないか、と考える人がいるかもしれません。

　たしかに理屈上はそのとおりなのですが、多数の貸出稟議書を審査・決裁しなければならない権限者が、一つひとつそうした作業を行っていくことは物理的に不可能であり、基本的事項の記載が漏れている稟議書に対する現実的な対応としては、必要事項を補充すべき旨の指示を添え、いったん差し戻すケースが多いと思われます。

　だからこそ、担当者は必要な資料を漏れなく作成（添付）し、必要な数値を正確に算定するとともに重要な事項（根拠・理由など）を簡潔に記載することが大切なのです[注1]。

　　（注1）「重要な事項」についての記載
　　　　あるとき、若手担当者に貸出稟議書の重要なポイントについての記載漏れを指摘したところ、「指摘された事項については、自分も重要な事項だと感じていたのですが、貸出稟議書に『記入欄』がなかったので書きませんでした」と答えられて唖然としたことがありました。金融機関によって貸出稟議書の書式が少しずつ異なっており、ぴったりの記入欄がないというケースが皆無ではないかもしれません。しかし、重要な事項については、少なくとも関連した記載欄はあるはずであり、仮に関連する欄がまったく見当たらなければ、「所見」欄に記載すればよいのです。
　　　　貸出稟議書の作成は、案件の内容、検討結果、採り上げ理由等を決裁権限者に正確かつ自分の言葉（文章）で伝達することによって、当該貸出案件についての判断を仰ぎ、採否の決裁を得ることであり、「稟議書に設けられた空欄」を「機械的に埋めていく作業ではない」ことをぜひ自覚していただきたいと思います。

C課長作成の稟議書への追加修正例

貸 出 稟 議 書
(X3年6月10日)

店名		店長	次長	課長	担当

融資先	名称	A食品㈱　　　　　(年齢　　)	業種	菓子卸問屋	所要資金総額	
			資本金		調達計画	
			従業員数			

要資事情・資金使途
増加運転資金

内容	科目	極度または金額	利率	貸出予定日	期限または期間	返済方法
	商手	(70) 90	2.5	X3.6.30	X3.12.30	

必要金額の妥当性

返済財源

担保（極度・金額等）	連帯保証人

業績推移		売上高	営業利益	経常利益	当期純利益	減価償却費	償還財源	総借入金
	X1/3期							
	X2/3期							
	X3/3期							

金融機関取引状況
　乙信用金庫との併行取引先（融資シェア50％）

所見（担当者意見・営業店意見）
　売上急増による増加運転資金の申込み、新商品の発売と震災後の消費不況からの脱却を背景に売上急増となったもの。
　〈増枠金額の算定〉
- 直前期（X3/3）期中の平均月商およびX3年4月月商実績＝47百万円
- X3年5月、月次売上実績59百万円
- X3年4月～X4年3月の間の平均月商見込み59百万円
- 当社は、売上、仕入ともに手形100％であり、受手サイト、支手サイトともに3カ月である。なお、在庫回転期間は3カ月であることから、当社の立替サイト(注2)は、3＋3－3＝3カ月になる。
　以上にて、商手増枠必要額は、（59－47）×3＝36百万円となり、上記増枠必要額に対し当行融資シェア50％を考慮し、20百万円の増枠を行うもの。
　商手支払人口銘柄を特定先に限定することによって決済に懸念なく、増額要請に応じたい。

(注2) 立替サイト

　運転資金の体質を表す立替サイトは、一般的に「売上債権サイト＋棚卸資産サイト－仕入債務サイト」で算出されます。

　立替サイトが大きいほど売上増加時の資金需要が大きく、小さいほど需要が少なくなります。このため、担当者はこのサイトを正確に把握しておくことによって、取引先と面談する際や借入の申込みを受けた場合など、的確なヒアリングと合理的な判断を行うことができるようになるのです。

　本事例においては、売上、仕入ともに手形100％という設定になっているため、売上債権サイト、仕入債務サイトともに、受取手形、支払手形のサイトと同じになります。

4. 決算資金

① 決算資金とは

　決算資金とは、取引先企業の決算に伴い発生する資金需要をいい、役員賞与、法人税等、配当金などの支払いがこれに含まれます。

　決算資金の借入は、決算において算定された利益を処分するにあたって、現金化していない部分に対して借入を行い資金を調達するものです。

　決算資金が利益の処分であるゆえに、その返済は原則として収益によって次期借入時までに分割返済することになります。

② 貸出稟議書記載のポイント

　決算資金の使途は、上記のとおり、「法人税等の税金」、「配当金」、「役員賞与」に限定され明確であるため、貸出稟議書に書くべき事項としては、「当該資金の取引金融機関における按分割合」と「融資メリット」などが主なものになります。

　また、決算資金の多寡は、決算の状況と過去の実績によって決まってくるため、取引先企業から決算資金について借入申込みを受けた場合に担当者がチェック（ヒアリング）するポイントは、資金使途や要資事情等ではなく、当該「決算の状況」についてとなります。

　具体的には、「増減の結果」と「その要因」、「競合企業と比較した場合の優劣」や「今後の見通し」などです。

　また、融資の可否とは別に、貸出稟議（への記載）において留意したい事項は、当該資金の自行内への還流です。

　納付税金や配当金の手続きのほか、役員賞与について自行口座への振込を促すなど、メリットを追求する取組み姿勢は、貸出稟議書の決裁を側面から後押しするとともに担当者の成長にもつながるため大切です。

❸ 返済財源と返済方法

　本来、決算資金は前期決算においてすでに実現した利益から支払われるものです。

　しかし、当該利益金は、既に原材料や商品の仕入資金あるいは売上債権等に運用されていることが通常であるため、決算資金の返済は、これら運用された資産の資金化によって返済されることになります。

　なお、決算資金は中間納税を含め年2回必要となる時期がありますので、この借入金は次回の必要時期までに完済されなければならず、一般的に手形貸付の方法により分割弁済されます。

決算資金のチェックポイント

① 納税資金の目安は、前期決算の税引前利益の半分－中間納税額
　☞通常は「税務申告書」の原本等によって確認します。
② 「借入申込金額」ならびに「自己資金の充当額」は過去の実績に照らして妥当な水準か、
③ 他行調達の状況はどうか、他行の調達不足が当行に回されていないか
④ 社外流出額は利益に見合った合理的水準か、いわゆるタコ足配当になっていないか

5．季節資金

❶ 季節資金とは

「季節資金」とは、商品の需要時期や製品の生産時期が特定の時期に集中することにより、それに備えて仕入等を行うための資金を指します。

具体的なケースとしては、「①中元・歳暮商品、季節衣料品、冷暖房機器等の電化製品、ビール等の季節性ある食品などの仕入または生産のための購入」「②農水産物等で収穫に季節性があるものの仕入」などがあげられます。

これらは毎年恒例的に発生するため、需要期等が終わった時点で回収されることになります。

❷ 稟議書作成におけるチェック項目

季節資金は、原則として毎年一定の時期に発生し、仕入（製造）－販売－回収のパターンが同じであるため、過年度の実績と比較して、申込内容や期間・返済方法などの条件の妥当性を判断することになります。具体的には、発生時期、必要金額、支払先、資金調達方法などをチェックします。

また、あわせて前年、前々年の同種の季節資金の返済状況も確認しておくことが大切です。過去の返済状況が良好であれば、本年度の季節資金に関しても申込内容が妥当なものであり、業況に大きな変化がなければ、順調に返済されると考えられるからです。

ただし、業況・資金繰りに変化が見られたり、不良債権や不良在庫の発生が懸念されるような場合においては、季節資金の返済に充てられるべき資金がこれらに流用され返済が困難になるという事態も起こり得るので十分な注意が必要です。

❸ 返済財源と返済方法

　季節資金の返済財源は、対象商製品の売上代金の回収であり、短期回収を原則とするため手形貸付になります。

貸出稟議書の作成（提出）に必要な書類

- 主要取引先別売上実績表、仕入実績表
- 仕入商品等の確認資料（注文書または納品書、請求書等）
- 資金繰り実績予定表
- 試算表
- 金融機関取引一覧表

季節資金のチェックポイント

　季節商品は、需要期（シーズン）における天候、消費動向等により影響を受けやすく、売れ残った製品は、次のシーズンまで過剰在庫として抱えることになり経営上大きな負担となります。このため、金融機関としては組織としての調査機能をフルに活用し、需要動向をできるだけ正確に把握することが大切です。

　また、季節資金は、仕入（製造）－販売－回収のパターンが同じであるため、前年実績と十分に比較検証することも大切です。

【個別案件についての稟議】

1．在庫資金

　在庫資金とは、棚卸資産の増加に対応した資金を総称しており、成因によって下記の①～③の類型に分かれます。
　このため、申し込まれた資金がどの類型に該当しているのかしっかり見極めることが大切であり、確認した類型に即した検討と対応（チェック）方針をしっかり記載することが肝心です。
　①　企業の積極的姿勢に基づいた商品在庫の積み増し（例：大規模な周年セール、新製品の発売、取扱い製品価格の値上り予想など）
　②　販売計画の不振や急激な市況悪化による企業の意思に反した過剰在庫
　③　季節商品の売れ残りや流行遅れ等によって陳腐化した不良在庫

❶ 備蓄資金

　備蓄資金は、新製品の発売や記念販売・周年セール等に代表される大々的な営業展開など、企業の積極的な営業姿勢に基づいて在庫を増やしたものであり、そこに反社会的あるいは公序良俗に反する意図さえなければ問題のない資金です。
　この資金は、上記の要因が解消すれば当然に返済される短期資金ですが、在庫積み増しを行った際における見通しを大きく誤った場合は、収益的にも資金的にも大きな負担が発生します。
　このため、資金申込み時（在庫積み増し時）における取引先企業の見通し（戦略）をしっかりヒアリング（確認）し、資金実行後のチェックを怠らないことが大切です。

> **備蓄資金のチェックポイント**
>
> 　備蓄資金について注意を要するポイントは、当該備蓄にあたって取引先企業が想定（予想）した状況（市況や需給状況など）をしっかり把握・確認しておくことです。
> 　仮に、取引先が想定した状況と現実が大きく相違することになった場合には、過剰在庫を抱えることによる資金負担、支払利息負担、採算悪化など、大きなダメージを受けることになります。
> 　このため、担当者は取引先企業が想定した備蓄の合理性・妥当性について、グローバルな経済情勢、需要動向等を本部専門部署のアドバイスを受ける等によってしっかり確認するとともに、備蓄水準についても、主要販売先に対する実績など過去の動向と厳格に比較検証を行いその妥当性を検討することが重要です。

❷ 滞貨資金

■滞貨資金とは

　滞貨資金も前出の在庫資金の一種ですが、主に販売計画が大きく狂ったことによる在庫の増加であり、市況悪化期などによくみられるものです。

　その他、季節商品の売れ残りや流行遅れになった製品が陳腐化、劣化したケースや、下請けメーカーにおける受注生産品が製造ミスによって返品され手直しがきかないケースなどもこの範疇に入ります。

　この種の在庫は、正常な製品の積み増しや過剰在庫とは異なり、実質的に商製品としての価値を喪失しているケースが少なくないため、破棄（損失処理）せざるを得ない場合が多々あります。

　滞貨資金の具体的な発生要因には、次のようなものがあげられます。

〈企業内部の要因〉

- 過剰生産
- 不良品の発生
- 営業戦略に基づく販売抑制

〈外部環境による要因〉

- 市況悪化による販売不振
- シェア奪取を狙った競合企業の攻勢

　このような要因によって溜まってしまった在庫の解消は容易ではなく、無理や

り在庫調整を強要した場合には、回収を度外視した廉価販売などが横行して、損益的にも資金的にも全くプラスにならないというケースがあるため慎重な対応が必要です。

❷所要資金の算出

> 所要資金＝現状の棚卸資産残高－適正在庫額

適正在庫額は、「平均月商×適正な在庫回転期間」で算定し、「適正な在庫回転期間」については、ａ．過去３期程度の棚卸資産回転期間の平均値、ｂ．取引先企業から確認（ヒアリング）した適正な回転期間、ｃ．公表されている経営指標の同業種の平均的回転期間等、ａ～ｃの方法を稟議条件に応じ合理的に選択します。

❸返済財源

滞貨資金は、企業が意図（計画）した在庫調整が完了することによって解消し、当該代金をもって返済されることになります。しかし、上記記載のとおり、この種の資金は正常な製品の積み増しと異なり、実質的に製品としての価値を喪失しているケースが少なくないため、実態として返済財源の引当に乏しく、内部留保利益に頼らざるを得なくなるケースが多く、貸し出した資金の返済が長期化する可能性が高くなります。

❹問題点

滞貨の発生原因が主に販売計画が大きく狂ったことによる在庫の増加であれば、市況の回復を待つこと（この間の操業度の低下や売上減少等による経営不振に耐えることが必要）になりますが、製品の陳腐化や劣化など、商品価値の喪失に起因したものである場合においては、廃棄処分等による損失計上等、赤字の発生にストレートに結びつく可能性があります。

また、資金的には、過剰在庫保有にかかわる負担、回収遅延にかかわる負担、赤字発生によるロスが生じ、資金繰りが非常に圧迫されることになります。

以上、滞貨資金は事業遂行上極めて重大な問題をはらんでいるため、貸出に応じる場合、担当者は以下ａ～ｃなどによって滞貨解消の見通しを明確にすることが極めて重要であり、滞貨解消についての客観的見通し（確認事項）を貸出稟議書に明記しておくことが大切です。

　ａ．取引先企業の責任者から詳細な「販売計画」および具体的な「販売促進策」を確認する

　ｂ．同業他社から対象品目についての市況状況を聴取する

c．本部調査部門に対象品目の販売見通しについて、広範な調査・分析を依頼する

貸出稟議書の作成（提出）に必要な書類

- 製品のアイテム別売上実績表、計画表
- 製品のアイテム別在庫推移資料
- 資金繰り予定表

滞貨資金のチェックポイント

① 滞貨在庫の発生原因・要因および金額の確認
② 滞貨解消の具体的計画の確認
③ 他の取引金融機関の対応姿勢
④ 遊休資産処分等による自己資金調達の可能性

事例 滞貨資金の申込み

　甲銀行乙支店の融資担当者Aさんは、X1年12月10日、数年来の取引先であるH社のF社長から、在庫資金500万円の借入申込みを受けました。Aさんは、「H社は数年来の取引先であり、アメリカの大手コンピュータメーカーG社の子会社でもあるため、F社長（個人資産約3億円）が連帯保証人になる（F社長とのヒアリングにおいて内諾済）ことを条件として、この申出を受諾したい」と考え、店内稟議書の作成に取りかかりました。

　皆さんも、Aさんになったつもりで、貸出稟議書の記入内容について考えてみましょう。

〈G社および日本法人H社についての現状〉

　アメリカの大手コンピュータメーカーG社は、有力な市場である日本で販売子会社（日本法人H社）を設立し、積極的な営業活動を行っていました。

　次ページの図は、H社の月次売上高と商品在庫の推移であり、G社本部においては、製造拠点のアメリカから日本への配送を考慮した場合、理論上、日本法人H社は1カ月分の在庫を保有していれば十分との認識を持っていました。

ところが、強気な販売計画を立てていたH社の在庫は、売上の大幅な計画下回りによってX0年5月頃から急速に増加し始め、極端な在庫過多に陥ってしまいました。

このため、G社本部はH社に対しX0年末、在庫合理化の指示を出しましたが、下図のとおり、在庫削減と期を一にして売上の急速な減少に見舞われ、急激な業績低下を招く結果になっています。

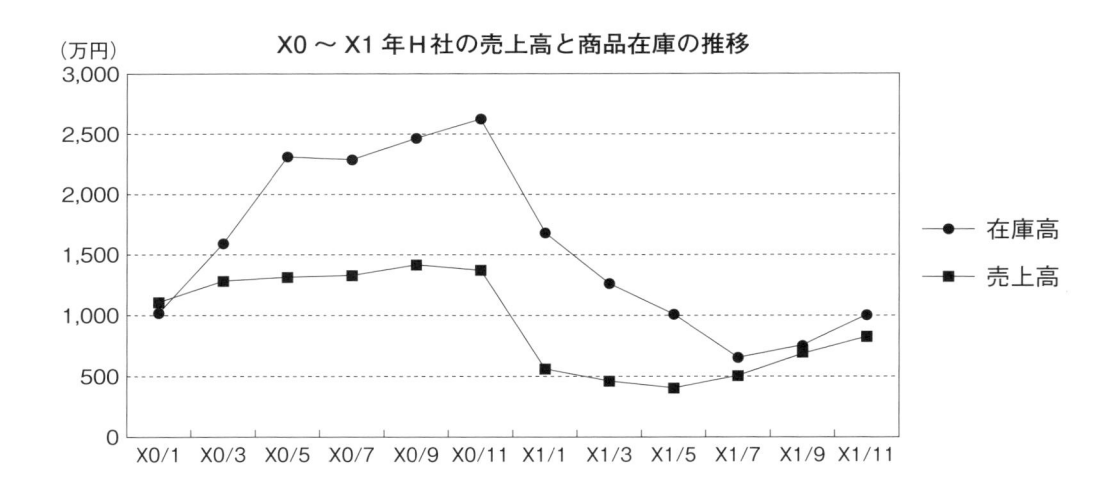

X0～X1年H社の売上高と商品在庫の推移

上記の事例の設定を念頭においてH社の売上高と商品在庫の推移をみると、G社について事業上重要な問題点がいくつか（たとえば、以下❶、❷）明らかになります。

❶現地法人の在庫管理上の問題

元来、配送上のリードタイムを考えれば理論上1カ月分の在庫があれば十分とされていたにもかかわらず、X0年5月以降X1年5月まで、H社の在庫が当該水準に近づいたことはなく、「在庫を管理する能力の不足」あるいは「売上高のみが求められるH社の姿勢（売上至上主義）」に問題があったとみられます。

❷商品力および管理能力（売れ筋死に筋）の問題

上記期間前半においては、売上増加を目指し営業活動を強化した（商品在庫を従来の約2倍準備した）にもかかわらず、H社の売上は横ばいを続けていました。

また、X0年末以降、H社は本社の在庫合理化指示に従い在庫を削減しましたが、それによって急激な売上低下を引き起こしています。

本来、このような在庫合理化にあたっては、売れ筋からはずれた商品から削減していくべきですが、H社では単純に一律削減が行われ、売れ筋商品の不足によ

って売上を落とす結果になったと推測されます。

　これらのことから、H社には販売拠点にとって最も重要な商品管理についての基本的なノウハウが不足していたことが推測されます。

　また、このことはH社だけの問題にとどまらず、H社に在庫合理化の指示を出したアメリカ本社の責任でもあります。つまり、本社はH社の商品管理能力について本社は正確に把握しているべきであり、仮にH社の商品管理能力が十分でないならば、当該指示はより具体的かつ詳細なものとすべきでした。

問題　上記事例について、貸出稟議書の記入内容を考えてみましょう。ただし、事例の前提や説明だけでは記載できない部分がありますので、「記載できない理由」または「確認すべき事項」として明示しておいてください。この「記載できない理由」または「確認すべき事項」をできるだけ具体的に考えることが問題意識につながり、説得力ある貸出稟議書を作成する手がかりになります。

WORK SHEET

要資事情・資金使途

必要金額の妥当性

返済財源

所見（担当者意見）

解答・解説

❶「要資事情・資金使途」欄

　　当社の在庫増加は、当初は売上増加を目論んだ積極的意図に基づいたものであったはずですが、現状は販売計画が達成できなかったことによる在庫過剰です。このため、在庫資金としての申込みでしたが、その実態は滞貨資金です。（滞貨資金も在庫資金の一種ですが、本事例においては、学習のため、あえて明確に区別しておきます）

　　本事例（貸出稟議書）において最も重要なポイントは、この場合の要資事情です。「積極的な販売計画を立てて商品在庫を積み増したにもかかわらず、なぜ売上が伸びなかったのか」という原因をしっかり究明できなければ、返済財源および返済可能性について説得力ある記載をすることは不可能です。また、それだけにとどまらず、販売不振の原因次第では返済財源すら不透明になる可能性もあり、謝絶の可能性すら否定できないと思われます。

❷「必要金額の妥当性」欄

　　上記理由によって、滞貨資金として稟議するならば、所要資金は「現状の商品在庫高－適正在庫金額」によって算定することになります。

　　その際の適正在庫金額については、事例文において「製造拠点からの配送を考慮して約1カ月分」との記載があるとおり、G社が理論的に算定しているため、「現在の平均月商（H社から聴取）×1カ月」によって算定します。

❸「返済財源」欄

　　滞貨資金の返済財源は、原則として当該在庫の売却代金であり、H社に「販売計画（在庫調整計画）」の提出を要請し、当該計画を検証のうえ、返済方法とともに決定します。

　　その際のポイントは、当該滞貨在庫の販売見通し（あるいは資産性）であり、販売が困難な状態であったり、不可能でないとしても長期間を要するとみられる場合には、「内部留保利益（税引後利益＋減価償却費＋諸引当金積増額－社外流出）」によることになります。

❹「所見（担当者意見）」欄

　　本事例（案件）のポイントは、真の「要資事情」がどのような要因であるか、加えて要資事情とも関係しますが、「滞貨在庫の状態（資産価値＝売却見通し）」次第であるといえます。

　　たしかに、借入申込先が大手コンピュータメーカーの日本法人であり、その代表者（個人資産3億円）が個人保証を確約している案件ですから、最終的回収に

懸念なしということで採り上げるという考え方もあると思います。

　しかし、上記冒頭の資料を要請した結果、仮に要資事情に加えて返済財源にも難があるという状態であった場合には、保全面が十分であることのみを理由として貸出稟議することは問題があると思います。

　このため、担当者のＡさんが、どうしても戦略的に採り上げたいのであれば、何らかの取引メリット（従業員取引や関係会社取引の獲得など）を交渉・要請し確約を得るべきです。

　また、当面それが困難であるならば、将来の取引拡大につながるきっかけ（「抵当権の設定」とか「親会社の保証」など）を検討し要請することが貸出稟議の後押しになるでしょうし、何よりも担当者自身の成長の糧になると思います。

2．減産資金

① 減産資金とは

　減産資金とは、売上不振等によって生産規模を縮小する場合や事業戦略の変更に伴って生産調整を行う場合など、企業が減産体制に移行した場合に必要となる資金です。

　具体的には、企業の意図に反した過剰在庫が発生し、それが短期間に解消できない場合、企業は減産体制に移行せざるを得なくなります。

　その場合、変動費は生産高の減少に対応して減りますが、固定費は容易に削減できず、ほぼ同一水準の負担が続くことによって利益が減少することになります。

　また、この際は、（多くの場合）経常運転資金が減少しますが、（タイムラグがあるため）減産当初は間に合いません。

　このため、企業が減産に踏み切り、減産がスタートした当初は、仕入債務を決済するための資金不足を中心に相当の資金不足が発生することになり、それを減産資金と呼ぶのです。

② 減産資金採り上げの判断

　減産による資金需要は、減産が一段落した後、正常な生産体制において通常の決済ベースに戻れば、運転資金の減少が返済財源となり解消されることになります。

　しかし、減産資金は、減産計画と市況等の回復が予想（計画）どおりにいかない場合、返済が思うにまかせない困難な事態に陥る可能性があります。

　このため、需要動向（市況）の見通しが不透明な時期に減産資金を申し込まれた場合には、減産計画の妥当性を慎重に検証するとともに十分な保全措置を講じることが必要です。

また、減産による損益状況を損益分岐点分析によって検討し、必要な場合は貸出稟議書に見通しを記入しておきましょう。

貸出稟議書の作成（提出）に必要な書類

- 月次売上実績表、仕入実績表
- 製品のアイテム別売上実績表、計画表
- 製品のアイテム別在庫推移資料
- 試算表
- 資金繰り予定表

減産資金のチェックポイント

① 減産の理由・要因
② 減産は、構造的なものか、特殊一時的なものか
③ 減産計画および減産への対策は妥当か
④ 保全措置と市況の回復見通しはどうか

3. つなぎ資金

❶ つなぎ資金とは

　つなぎ資金とは、近い将来、実現（入金）確実な資金が予定されている場合において、その入金が何らかの事情によって遅れたり、その入金以前に何らかの理由によって資金が必要となった場合に、当該入金予定の資金を引き当てとして調達される資金をいいます。

　たとえば、巨額の設備投資を行う資金を用意するために、所有していた土地を売却する契約を結んでいたような場合、当該土地の売却代金の入金前に設備投資にかかわる諸費用の支払いを行う必要が生じた場合において、この資金の支払いと調達のズレを埋めるために資金を別途調達するケースなどが該当します。

　このような「つなぎ資金」の場合、返済財源はすでに決まっており、しかも融資期間が短期であるため、金融機関としては比較的応諾しやすい貸出といえます。

❷ つなぎ資金のチェックポイント

　つなぎ資金は、①資金調達予定の遅延、②支払いを先行せざる得ない事情という2つの要因によって（資金的ズレが）生じます。そのため、担当者がチェックすべきポイントは、次の2つになります。

　　a．資金計画にズレを生じた原因
　　b．入金予定の実現性（返済財源の確実性）

　上記のうち、aがつなぎ資金の発生原因であり、必要理由となりますので、この原因を徹底的に究明し担当者自身が十分納得することが、借入申込みを採り上げる大前提となります。

　また、bについては、返済財源が特定しているだけに、このチェックが不十分だと返済が不可能になる可能性があるため、最も重要な確認ポイントとなりま

す。

　具体的に上記土地売却のケースを例にとった場合、当該土地売却契約（返済財源）の履行に大きな齟齬が生じた場合、本件貸出は一挙に返済困難に陥る危険性をはらんでいるため、返済財源の確実性（金額と時期）チェックは極めて重要な確認ポイントになります。このため、事例の土地売却においては、売買契約の内容を契約書原本によってしっかり確認するとともに、可能な範囲で売却先の支払能力を調査確認しておくことも大切です。

　なお、上記に加え、「資金使途の妥当性」についても確認を励行していただきたいと思います。その理由は、上記のとおり「つなぎ資金」の採り上げが返済財源の確認にかたよる傾向があるためですが、「資金使途の確認」は金融機関の融資対応（姿勢）において非常に重要なポイントであるため、とりわけ若手の担当者は、自らの成長のためにも当該事項についての確認を意識して行う必要があります。

　多くの場合、「つなぎ資金」を申し込む企業は、申込金融機関をメインとしている企業のはずですから、金融機関は、当該取引先企業が計画している設備投資の妥当性をチェックすることが必要であり、当該土地売却代金の回収を待たずに、つなぎ資金の申込みを行ってまで当該設備投資（の支払い）を先行させなければならない合理的理由を正確に把握しておくことも大切です。

　この場合の妥当性チェックは、設備資金に対する融資判断を行う際に実施するほど入念な調査を行う必要はありませんが、総投資額、当該設備投資の必要性、設備投資効果などについては相応のチェックをしておくべきでしょう。

　なお、申込企業の信用力および当該売却契約の内容にもよりますが、必要な場合は、当該売却予定物件への抵当権設定[注1]を検討するケースもあるでしょう。

（注1）抵当権設定による保全措置
　　「つなぎ資金」は、引当とした入金予定金額が実現不能となった場合、返済財源がなくなり回収が極めて困難となります。そのため、不測の事態に備え、保全措置を講じておくことも、ときとして重要なポイントになります。
　　たとえば、上記例示のケースにおいては、物件の引渡しまでの間、当該物件を対象とした抵当権設定書類と権利証を預かり登記を留保しておく（登記留保扱い）を検討すべきでしょう。
　　また、工事代金回収までの「つなぎ資金」であれば、必要な場合は代理受領の手続きを検討すべきでしょう。

事例 つなぎ資金

〈甲銀行乙支店C課長の貸出稟議書〉

　X4年5月10日、㈱A建設社長から借入申込みがありました。

　その内容は「先月中に完成・引渡しを行ったB工業の工場建設工事の請負代金30百万円の回収が2カ月延びて7月中にずれ込む見通しになったため、今月末の支払手形の決済資金として20百万円貸してほしい」「返済は上記請負代金30百万円の回収によって行うため借入期間は2カ月で願いたい」とのことでした。

　そこで㈱A建設を担当しているC課長が、今月末の資金繰り予定を確認したところ「支払手形の決済金額が40百万円、現預金残高10百万円、工事代金の回収予定金額が12百万円（A工業分を除く）」とのことでした。

　C課長は、甲銀行は、㈱A建設の銀行取引の中では下位の取引ですが、同社は地元の老舗建設会社として堅調な業績を続けており、しかも、本件申込案件が、すでに完成・引渡し済の請負代金についてのつなぎ資金であり、短期間に回収可能であると考えられることに加え、当地有数の資産家である社長個人が保証人になるとのことであったため、ぜひとも採り上げたいと考え貸出稟議書を作成することにしました。

　皆さんはC課長が作成した貸出稟議書を見る前に、まず自ら貸出稟議書の必要箇所を記入してみてください。次いで、C課長作成の貸出稟議書と自身が作成したものとを比較し、それぞれの「良い点」「改善すべき点」を明確にした後、最後に本稿の解説を参考に貸出稟議書のポイントについての理解を深めてください。

WORK SHEET

貸 出 稟 議 書
（X4年5月10日）

店名		店長	次長	課長	担当

融資先	名称	（年齢　）	業　種		所要資金総額	
			資本金		調達計画	
			従業員数			
	要資事情・資金使途					

内容	科目	極度または金額	利率	貸出予定日	期限または期間	返済方法

必要金額の妥当性

返済財源

担保（極度・金額等）		連帯保証人		
		氏名	年齢	関係

業績推移		売上高	経常利益	当期純利益	減価償却費	総借入金
	X1/3期	798	31	23	11	
	X2/3期	782	23	17	5	
	X3/3期	711	18	11	2	

金融機関取引状況

　融資シェア一覧（メインD行49％、E行27％、当行13％、F金庫11％）

所見（担当者意見・営業店意見）

第3章　稟議種類ごとの検討事項と記載上のポイント

C課長が作成した貸出稟議書

貸 出 稟 議 書
(X4年5月10日)

店名		店長	次長	課長	担当

融資先	名称	㈱A建設　　　　　（年齢　　）	業種		所要資金総額	20百万円
			資本金		調達計画	
			従業員数			

要資事情・資金使途
運転資金・工事代金の回収遅延のため資金不足となるもの

内容	科目	極度または金額	利率	貸出予定日	期限または期間	
	手貸	20		X4.5.30	X4.7.30	

必要金額の妥当性
請負工事代金の回収遅延額30百万円

返済財源・返済方法
期日一括返済

担保（極度・金額等）		連帯保証人		
		氏名	年齢	関係

業績推移		売上高	経常利益	当期純利益	減価償却費	総借入金
	X1/3期	798	31	23	11	
	X2/3期	782	23	17	5	
	X3/3期	711	18	11	2	

金融機関取引状況
融資シェア一覧（メインD行49％、E行27％、当行13％、F金庫11％）

所見（担当者意見・営業店意見）
本件は請負工事代金を回収するまでの「つなぎ資金」であり短期回収可能であるため、ぜひ採り上げたい。

解答・解説

担当者（とりわけ経験の浅い若手）が貸出稟議書を作成するにあたって、心しておかねばならない重要なポイントは、「資金使途および金額の妥当性」「申込企業および案件についての問題点とその対応の方向・方策」「具体的採り上げ理由」を簡潔明瞭にまとめることです。この観点に基づいて、C課長が作成した貸出稟議書について「改善ポイント」と「補足すべき事項」を整理してみましょう。

❶C課長が作成した貸出稟議書について改善を要するポイント

　　a．「資金使途」や「返済財源」等、基本的な要件の記載が不十分です

　　b．貸出金額の妥当性についての記載が欠けています

　　c．サブメインでもない甲銀行が、あえて資金繰りの欠陥を補う資金を無担保で採り上げることについての具体的説明が不足しています

上記a〜cは、記載事項の不備であり、基本的要件についてのミスといえます。最も重要な問題は、要資事情の本質と返済可能性についての調査・確認（記載）がなされていないことです。

つまり、融資審査のスタートは、「完成・引渡し済みの建設工事代金の回収が2カ月遅延する根本的な原因はどこにあるのか、どんな事情に由来しているのかを正確に究明すること」であり、その前提条件が欠落している貸出稟議書は審査の対象としては不適格であり、差し戻しせざるを得ないとも言えます。

すなわち、引渡し済み工事代金の回収が遅延するには、それ相応の理由があるはずです。たとえば、「請負工事の不具合」や「契約上のトラブル」さらに「施主側の資金不足」などが可能性として考えられるのです。

たとえば、遅延理由が、「建設工事の不具合」であったなら、㈱A建設は、出直し工事（「工事のやり直し」や「補修工事」）を行い、それが約定どおり完了した後でなければ、工事代金を得る（回収する）ことはできません。それだけではなく、「不具合」の内容如何によっては、違約金や損害金を支払う義務が㈱A建設に生じたり、請負代金の大幅減額を受け入れざるを得ないケースもあり得るのです。

つまり、遅延した根本的な原因次第によっては、返済財源がなくなることだけにとどまらず、追加負担の可能性すら生じてくるのです。このようなケースにおいては、㈱A建設がB工業と交わした当該出直し工事についての「変更契約書」または「覚書」等によって、当該工事に要するコスト、回収金額、回収時期等を確認しておくことが必要です。

また、「施主側の資金不足」が原因であった場合には、施主の資金繰りや信用

状態を可能な範囲で調査し、その結果をふまえて判断するとともに、貸出稟議書にも記載しておくことが必要です。

❷C課長が作成した貸出稟議書への補足例

　　a．資金使途として「支手決済資金40百万円の内に充当」を挿入します。

　　b．返済財源としては「B工業からの工場建設工事請負代金30百万円の回収により期日までに一括回収する」と明記します。

　　c．融資金額の妥当性については、極力、数字的根拠を示して明確に記載することが大切です。一例を上げるとすれば、「今月末の資金繰り予定『支払手形決済金額40百万円、現預金残高10百万円、A工業分を除いた工事代金回収予定額12百万円』にて差引不足金額18百万円」など。

　　d．下位行である甲銀行がこのような基本的な資金繰り上のミスに対して対応することについての理由、すなわち、「問題点」および「採り上げ理由」を明記することが重要です。たとえば、「本件を機会としてウィークポイントであった保全面の強化を図る」等が戦略的には必要なわけですが、本事例においては、そうした担保面の強化には触れていないため、その他の要素、たとえば「返済原資が明確であり短期回収可能」「社長の個人資産は潤沢であり保証能力に懸念ない」「当社の業績は堅調、本件採り上げにより、法人個人とも取引深耕し、シェアアップを図りたい」などの記載が必要です。

◎貸出稟議書を完成させるためには、要資事情として「請負工事代金の入金遅延の理由」を正確に把握し記入することが不可欠ですが、現状においてC課長は、その確認を行っていません。このため上記補足例は、現状において修正可能な部分についてのみ補足したものであることをご理解願います。

C課長が作成した貸出稟議書への補足例

貸 出 稟 議 書
（X4年5月10日）

店名		店長	次長	課長	担当

融資先	名称	㈱A建設　　　　　　　（年齢　　）	業　種		所要資金総額	20百万円
			資本金		調達計画	
			従業員数			

要資事情・資金使途
運転資金・工事代金の回収遅延のため資金不足となるもの　<u>（支払手決済資金40百万円のうちに充当）</u>

内容	科目	極度または金額	利率	貸出予定日	期限または期間
	手貸	20		X4.5.30	X4.7.30

必要金額の妥当性
請負工事代金の回収遅延額30百万円　<u>今月末の資金繰り予定「支払手形決済金額40百万円、現預金残高10百万円、A工業分を除いた工事代金回収予定額12百万円」にて差引不足金額18百万円。</u>

返済財源・返済方法
期日一括返済　<u>B工業からの工場建設工事請負代金30百万円の回収により、期日までに一括回収する。</u>

担保（極度・金額等）	連帯保証人		
	氏名	年齢	関係

業績推移		売上高	経常利益	当期純利益	減価償却費	総借入金
	X1/3期	798	31	23	11	
	X2/3期	782	23	17	5	
	X3/3期	711	18	11	2	

金融機関取引状況
融資シェア一覧（メインD行49％、E行27％、当行13％、F金庫11％）

所見（担当者意見・営業店意見）
本件は請負工事代金を回収するまでの「つなぎ資金」であり短期回収可能であるため、ぜひ採り上げたい。

4．赤字資金

❶ 赤字資金とは

　赤字資金とは、文字どおり「赤字計上」を原因とする資金需要であり、金融機関の立場として、望ましい融資でないことはいうまでもありません。

　このため、赤字発生の原因が例外的なものであり、その原因を除外すれば、なお高い収益力と十分な財務内容を維持していると認められる場合に限り、採り上げられるものです。

　なお、赤字の原因には、「災害等の特別な要因」や「景気の低迷」等の外部要因に基づく一時的なものと、「企業（事業）の競争力の本質」にかかわる構造的なものとの２通りがあります。その要因の見極めが極めて重要であり、まさに金融機関としての実力（目利き力）が問われるところです。

❷ 赤字資金のチェックポイント

　赤字資金の融資を申し込まれた場合、上記観点により、次の①～③のポイントを確認することがまず必要であり、これは同時に貸出稟議書の重要な記載ポイントにもなります。

① 損失が競争力の本質に根ざした構造的なものでないこと
② 将来的に安定した収益が見込め、当該収益により返済が可能であること
③ 既存貸金を含め十分な保全措置が可能であること

❸ 返済財源と確認ポイント

　当該資金の返済財源は、赤字解消後の内部留保利益になりますので、取引先企業の黒字転換策を具体的に聴取し、採り上げの判断にあたっては、赤字解消の時期と実現可能性について厳格に検討することが必要です。

このため、担当者（金融機関）としては部門別採算の検証を厳格に行うことによって不採算部門（事業）からの撤退や遊休資産の売却などのアドバイスを行い、黒字転換について企業側としっかりした意思疎通を図り方向性についてのコンセンサスを得ておくことが重要です。

　なお、赤字資金の採り上げは、基本的にメインまたは準メインで行うべきであり、次の点をしっかり確認しなければなりません。

赤字資金のチェックポイント

① 赤字発生の本質的原因は何か
② その赤字は競争力に根ざした構造的なものか、特殊一時的なものか
③ 赤字解消の見通しと時期
④ 黒字転換の具体策と実現可能性
⑤ 遊休資産等、自己資金の調達余力はどの程度あるか
⑥ メイン・準メインの支援状況、支援姿勢

5．長期運転資金

❶ 長期運転資金とは

　長期運転資金とは、特定の運転資金を短期で調達するか長期で調達するかという調達方法によって名づけられたものであり、運転資金の全部または一部を安定した長期資金によって調達することによって資金繰りを安定させることを狙いとしたものです。たとえば、長期運転資金の使途が「経常運転資金」であった場合、経常運転資金の必要金額は、まず手形割引によって賄われますので、残りはほぼ在庫部分の金額に相当することになります。

　通常、在庫は常に一定量保有していることが必要であるため（正常在庫・適正在庫）、この部分は、短期資金で調達するより長期資金によって調達した方が取引先企業の資金繰りの安定性は高まるのです。

　また、長期運転資金で賄おうとする金額の使途が赤字資金、滞貨資金、減産資金等であった場合、これらの後ろ向き資金を短期間に解消することは困難であるため、これについても長期資金によって調達する意味があるのです。

❷ 返済財源と返済期間

　長期運転資金の返済財源と要償還年数の算出式は次のとおりです。

> 長期運転資金の返済財源＝税引後当期純利益＋減価償却費＋各種引当金積増額－
> 　　　　　　　　　　　社外流出（配当金＋役員賞与）－長期借入金返済額
> 要償還年数＝長期借入金÷返済財源

　長期運転資金の要償還年数は一般的に7年程度以内が望ましいといわれており、それ以上長くなる場合は、「収益力の低さ」や「過大投資の存在」が想定されます。

6. 設備投資資金

❶ 設備投資資金とは

　設備投資資金とは、取引先企業の設備投資計画に対応した貸出金をいいます。当該資金は、相対的に金額が大きく貸出期間も長いなど、設備投資自体の成否が当該取引先企業の業績に大きな影響を及ぼすことになるため、融資判断にあたっては極めて慎重な対応が必要です。

❷ 設備投資資金のチェックポイント

❶設備投資計画の合理性

　設備投資資金の申込みを受けた際、まず検証すべきポイントは、設備投資計画の妥当性であり、そのためには、当該設備投資の目的とその背景事情（環境）を理解することが必要です。

　設備投資を行う目的は、製造能力の増強、技術力の向上、生産現場の合理化など、取引先企業の置かれた状況によってさまざまですが、いずれにしても設備投資を行うことによって、当該企業の長期本質的観点における競争力の強化や発展を目的とするものであり、その基盤となる技術力、生産能力、コスト競争力の強化などを目指したものです。

　このため、設備投資の内容については、市場の需要動向を前提に将来的展望を加えて検討することが必要です。すなわち、市場環境や景気動向、競合企業の状況などを検討し、設備投資の規模は合理的か、時期（タイミング）は妥当か検討します。

　設備投資はいったん実行してしまうと通常取り消すことができないだけでなく、一般的に固定費（金利負担増・減価償却費増・人件費管理費など）が増加し損益分岐点を高めることになるため、見通しを誤り、計画した売上高を確保できないというような事態になった場合は、増大した固定費が収益の足かせとなり困

難な事態に陥る可能性があります。

このため、貸出稟議書には、取引先から聴取した目標（予想）売上高と対比する形で、担当者自身が損益分岐点分析によって計算した設備投資後の必要売上高^(注1)を記載して損益分岐点売上高実現の可能性について分析し、触れておくことが望ましいといえます。

> （注1）設備投資後の必要売上高
> 　　　　設備投資後の必要売上高
> 　　　　　　＝（現状の固定費＋固定費増加額＋目標利益）÷（1－変動費率）

なお、上記計算結果を踏まえ、設備投資後の必要売上高の達成可能性如何によっては、取引先企業の生産体制およびコスト構造を考慮し、以下①～④の代替策を検討することが必要なケースもあります。

① 既存設備の操業度向上による対応
② 〃　　の改良改修　　　〃
③ 設備リース導入　　　　〃
④ 外注加工の可能性検討

代替策の検討は、当該対象市場の動向や将来性（含グローバルな競争環境・製品の需給状況）を考慮したうえで、その経済効果の大小と持続可能な期間によって判定することになります。

具体的には、ライフサイクルが創生期から成長期にある場合は、設備投資判断を積極的に行いますが、成熟期から衰退期にさしかかっている場合は、固定費増加にはより慎重な姿勢が必要であり、②から④を優先して検討します。

❷設備投資計画の規模と企業の財務体力との関係

次いで検討すべきポイントは、設備投資計画の規模と企業の財務体力との関係です。つまり、当該設備投資計画に十分な投資効果が認められたとしても、通常、当該投資効果が発現するまでには相応の期間を要することになるため、その間の返済負担に耐えられなければなりません。

さらに、生産（販売）規模の拡大を目指した投資の場合には、設備実行後の増加運転資金についても考慮しておくことが必要であり、設備投資によって追加的に必要となる資金の規模と資金調達余力を慎重に検討しておくことが重要だということです。

設備投資は多額の資金を固定化し、その回収までに長期間を要するため、設備投資の全額を金融機関借入に依存することは、取引先企業の収益力、償還能力、

ひいては企業経営の全般に大きな負担をかけることになります。このため、企業の体力を大きく上回った過大な設備投資は、取引先企業の財務内容を悪化させ経営の健全性を損なうことになるのです。

なお、設備投資資金の返済は収益返済になりますので、減価償却費を含めた返済財源を合理的に見積もり、無理のない計画を立てることがポイントになります。この観点においてもう一つ注意すべきポイントは、当該設備投資の効果が続いている期間内に貸出期間を設定することであり、融資期間を長くすることによってリスクが高まることを意識することが必要であるということです。

つまり、あらゆる設備には（経済的）耐用年数があり、更新が必要になったとき、すでに使えなくなっている旧設備にかかわる借入金の返済が終わっていないようでは、更新投資にかかわる借入が困難になるからです。

❸保全面の検討

設備資金に対する融資は通常長期の融資になりますので、保全面についても十分に考慮しておかなければなりません。この点は、資産背景や資金力に乏しく、企業業績が景気や大手発注先の動向に左右され不確実性を排除できない中小企業者において一層顕著であり、保全面の検討は非常に重要です。

設備投資資金の貸出にあたっては、通常、融資対象物件を担保取得しますが、それだけでは不足する場合が多いため、別途担保の徴求を検討するケースが一般的と思われます。

❸ 設備投資効果の判定

設備投資を行う第一義的な目的は、売上高（生産高）の増加による増収（増益）であり、以下3点についての検討が大切です。

① 設備投資実施後の損益（収益力アップのシュミレーション）
②　　　〃　　　の財政状態
③ 投下資金の効率（利回り・収益性）

なお、多くの金融機関において「設備投資効果判定表」などの書式が制定されおり、また、投資効果の算定がシステム化されているケースが多いため、貸出稟議書に当該算定結果を記載し資料を添付することになります。

7. 多店舗展開企業の出店資金

❶ 多店舗展開企業の出店資金の意義と必要性

　多店舗展開企業にかかわる出店資金の融資において金融機関が検討しなければならないポイントは、当該貸出案件による出店が果たして売上増加に結びつくのか否かという検討です。

　そのためには、以下①～③の事項を調査することに加え、申込企業自体の魅力（集客力）、商品の市場性・需要動向、競争力等を慎重に分析把握しなければなりません。

　① 出店地の立地・環境（所在企業・人口・交通の便等から購買力を推測）
　② 周辺の競合店の存在とその特徴（品揃え、主要顧客層、価格帯など）
　③ 新店舗の規模・構造は、競合店舗と比較して妥当か

❷ 店舗建設費用の妥当性

　店舗の建設費用については見積書、請負工事契約書を確認し、建築単価の妥当性を検証します。

　また、新店舗にかかわる投下資本の収益性（総資本経常利益率）は、原則として現状の総資本経常利益率を上回るものでなければなりません。そこで、新店舗の売上高はどのくらいの金額を確保する必要があるのか試算し、取引先企業が想定している売上目標との整合性をチェックします。

❸ 返済財源

　新店舗出店にかかわる借入金の返済財源は内部留保利益であり、最終的には、既存店舗と新店舗、総体の利益から返済することになりますが、できれば新店舗単体の利益によって返済できることが望ましいことはいうまでもありません。

❹ 新店舗の業績予想（目標売上高達成可能性の判断）

　店舗販売における売上高は、主に「売場面積当たり売上高」、「従業員1人当たり売上高」のどちらか、またはその両方の指標によって決まってきます。

　そして、当該指標には、業態や取扱い商品によって一定の基準なり標準数値というものが存在します。当該指標は、企業によってある程度の差があり、同一企業内においても各店舗のオペレーションレベルによって相応の違いが生じますが、同一企業内における各店舗の差異は、自社において店舗オペレーションの管理が可能であることによって想定の範囲内といえます。

　このため、新店舗の立地環境が既存店舗と極端に異なっていない限り、新規出店店舗の売上高は、既存店舗にかかる「売場面積当たり売上高」あるいは「従業員1人当たり売上高」の指標によって、相当高い確率で予測することができます。

　以上、多店舗展開における新店舗の業績予想については、申込企業から既存店舗についての上記指標とそれを新店舗に適用するにあたって必要な修正ポイントを聴取することによって、目標（必要）売上高達成の可能性を判断することになります。

　なお、多店舗展開を戦略的に行っている企業は、あわせて既存店舗の再構築も同時並行的に進めているため、これら店舗のリストラや増改築にかかる期間の売上減少に伴う運転資金の不足についても、資金支援の必要性を考慮しておくことが必要です。

事例 小売業の経営指標の見方

	事例企業Q社		大手ホームセンター			ホームセンター平均
	I店	K店	A社	B社	C社	
売上高（千円）	344,325	107,691	－	－	－	－
従業員数（人）	13	5	－	－	－	－
売場面積（坪）	520	265	－	－	－	－
1人当たり売場面積（坪）	40	53	－	－	－	29
1人当たり売上高（千円）	26,487	21,538	42,795	37,374	51,161	35,190
1人当たり粗利額（千円）	6,631	6,045	10,827	9,119	11,767	8,727
坪当たり売上高（千円）	662	406	1,105	1,556	1,963	1,235
坪当たり粗利額（千円）	166	103	280	380	451	306
坪当たり営業費（千円）	143	118	223	341	424	－
坪当たり営業利益（千円）	23	▲15	57	39	27	－
粗利率（％）	25.0	25.3	25.3	24.4	23.0	24.8
営業費比率（％）	21.6	29.1	20.2	21.9	21.6	－
人件費比率（％）	9.6	12.1	7.0	8.8	8.6	9.5
商品回転率（回）	4.4	2.8	5.8	5.3	6.9	5.3

※『ホームセンター名鑑』(㈱HCI発行)、『流通年鑑』（日本経済新聞社発行）

❶坪当たり売上高

事例小売業Q社の2店舗について「坪当たり売上高」を上記大手と比較した場合、I店は半分、K店に至っては3分の1にとどまっており、売り場効率の差は歴然としています。特に、K店はわずか406千円と異常に低く、ホームセンターとしての営業が成り立つ水準ではないとすらいえます。

❷坪当たり営業利益

上記①同様に「坪当たり営業利益」を上記大手と比較すると、K店はマイナス。I店でもA社・B社の半分程度にとどまっています。なお、I店と大手C社は当該比率については、さほど違いはありませんが、大手は規模によって金額面のボリュームを高め管理コストを吸収できる点においてI店とはまったく状況が異なります。

❸K店の限界

「坪当たり営業利益」を増加させることが小売店の店舗運営の基本であり、K

店については、「坪当たり営業利益」を最低限プラスに転換しなければなりません。そのための方策としては、「坪当たり粗利額の増加」「坪当たり営業費の合理化」、この両方またはいずれかを実現しなければなりません。

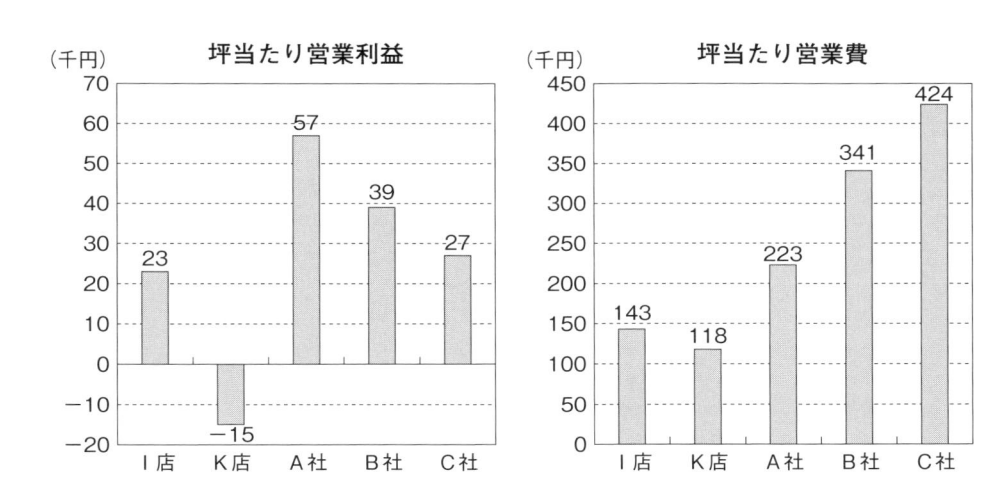

坪当たり営業利益（千円）
- I店: 23
- K店: −15
- A社: 57
- B社: 39
- C社: 27

坪当たり営業費（千円）
- I店: 143
- K店: 118
- A社: 223
- B社: 341
- C社: 424

　この点において、K店の坪当たり営業費はすでに118千円と大手の半分以下に切りつめられており、他方、1人当たりの売場面積（53坪）は、（前ページの指標にあるとおり）現状においてホームセンター平均の2倍に達しており、営業費の削減がすでに限界にあることを示しています。

　このため、K店の「坪当たり営業利益」をプラスに転換するためには、「坪当たり粗利額」の増加が絶対条件となります。

　なお、「坪当たり粗利額」を規定する要素は、「粗利率」と「売上規模」であり、前者について若干のアップを図ることは不可能でないとみられるものの、元来、小規模小売業者の仕入コストは大手に比べ不利であるうえに、商品管理レベルについても大手と比較した場合、大きく劣っていることは否めないため、満足な成果を期待することはできません。

　また、「売上規模の拡大」については、これこそ小規模小売業者（K店）が最も競争力に欠けるポイントであり、極めて困難といわざるを得ません。

　残された課題は、特定商品分野へ特化する可能性の検討ですが、店舗面積が非常に狭いため、扱い商品を相当絞り込む必要があり、その場合、ホームセンターとしての幅広い品揃えは困難になります。

　以上、本事例Q社のような小規模小売業者が、営業面においていったん劣勢に回った場合、その立て直しは極めて困難であり、担当者（金融機関）は取引先小規模小売業者の業績推移を常にしっかりと確認把握していることが肝要です。

8. 他行肩代り資金

❶ 肩代りの経緯と動機

　他行肩代りが行われる要因としては、「自行のアプローチによるもの」と、「相手先企業から申し込まれるケース（含自行取引先からの紹介）」の２通りがあります。

　前者の場合は、対象企業について多方面から調査した結果、見込み先企業としてリストアップしたものでしょうから、問題はないと思われます。

　しかし、後者のケースについては、既取引金融機関との間に①〜③などの不満やトラブルが生じていると推測されるため、まず、その理由をしっかり把握することが必要です。

① 適用金利についての不満
② 融資審査の厳しさに対する不満（必要なときに必要な金額の借入ができない）
③ 窓口対応（機能）に対する不満（海外取引、給与等振込手続など）

　上記要素のうち、③を理由とするものは、大きな事故に発展した場合以外には通常あり得ないため、多くは①または②の融資取引にかかわる不満とみて間違いないでしょう。

　ただし、①については、一般の金融機関であれば、意味もなく法外に高い金利を適用していることはあり得ないため、むしろ当該企業の業績不振あるいは極度の金利選好に原因しているケースが多いと考えられます。

　なおこの場合に、金融機関の役職員として意識しておかなければならないことは、「取引先企業に対して、金利以外にどのようなサービスや効用（メリット）を提供できるか」というポイントであり、「金利競争によって得た取引先は金利競争によって失う」という道理です。

❷ 融資にかかわる対応で金融機関と企業に不和が生ずる要因

　一般的に金融機関が融資取引にかかわる対応において取引先企業と不和を生ずる原因には、①～③等のケースがあるといわれます。
　①　取引先企業の業績や資金繰りに問題がある
　②　　〃　　の保全状態が良くない
　③　　〃　　の取引採算がいっこうに改善されない

　このため、企業の側から肩代りの申込みがあった場合には、「肩代りを決断する際において決め手になった最大の要因」または「真の原因」を改めて確認することが大切です。

　とりわけ、肩代り資金の融資先金融機関が当該企業のメインである場合は要注意です。その場合は、何らかの重大な問題が発生しているか、トラブルになっている可能性が高いためであり、肩代りの稟議を起こすにあたっては、次の事項を改めて十分検討したうえで慎重に判断するべきです。

他行肩代り資金のチェックポイント

① 肩代り申込みの真の理由は何か（重大なトラブルが発生していないか）
② 当該企業の業績・業況についての実態把握
③ 肩代りの実行によって、十分な保全が図れるか
④ 肩代りの実行によってどんな取引メリットが得られるか

9．起業（創業）資金

❶ 起業（創業）融資開拓の必要性

　帝国データバンクの調査によると、2015年3月末の国内主要112行（大手銀行7行、地方銀行64行、第二地方銀行41行）の「貸出金残高」は、2014年3月末対比において、上記3業態のすべてが増加になっていました。

　しかし、本業の「利鞘」（「貸出金利息－預金利息」の差額）については、大手銀行が増加となっている一方で、地方銀行、第二地方銀行は減少しており、地域金融機関の利鞘確保が厳しい状況にあることを示しています。

　この原因のひとつは、バブル崩壊後の長期不況を経て、近年アベノミクスの金融政策による低金利（＋円安誘導）が上場企業、大企業の業績改善に寄与しており、主にそれら企業と取引している大手銀行の利鞘が拡大していることによります。

　しかし、地域の中堅・中小企業向け融資を中心としている地方銀行、第二地方銀行等の地域金融機関において、上記の効果を大手銀行並みに享受することは難しいといわざるを得ず、さらに、より一層重要な問題は、政府による経済再生、地方創生への取組みが進められ、金融庁による融資拡大方針（含成長分野への融資）が明確に示される中において、金融機関同士による優良企業向け融資の奪い合いが生じ、その金利競争の過程で利鞘が縮小し、地域金融機関の収益力低下を招いていることです。

　こうした現象は、貸出金残高の増加にもかかわらず、融資先数が減少に転じ、本業である融資業務の将来的な先細りが懸念される地域金融機関が少なくないという状況に如実に表れています。つまり、地域金融機関の融資業務における今日的課題は、相応の金利（利鞘）を得ることができる「多少リスクはあるものの成長が期待できる事業を行っている（中小・中堅）企業」に対する融資（金融庁が推奨する「成長融資の促進」等）に積極的に踏み込むことができず、「確実に返済されるであろう大企業向けの融資」をお互いに奪い合うことによって自らの収

益力低下を招く結果になっていることです。

ゆえに、地域金融機関が将来的に安定した貸出金の利鞘を確保し、事業基盤の安定・強化を図るためには、「中小・中堅企業で財務内容や担保・保証が必ずしも十分ではない取引先」や「事業実績がないベンチャー企業」の中から事業性評価によって将来性ある先を見出し、新規の取引先として育成することが必要であり、それこそが地域金融機関の収益性を高めることにつながるのです。

❷ 起業（創業）資金のチェックポイント（稟議上のポイント）

起業（創業）資金についてチェックすべきポイントは、「はたして当該事業は利益をあげることができるのか」、「どの程度の期間で投資金額を回収することができるのか」、「どの程度のリスクとリターンがあるのか」などについて、「事業上の競争力の優劣」や「経営戦略の妥当性」等の観点から考察・検討することです。

ただし、起業（創業）を検討している企業には、決算書等の事業実績を証明する資料がないため、申込企業が作成した「起業（創業）計画書」の内容について、下記❶～❼の項目から、その妥当性を判断することが必要であり、それが同時に貸出稟議書記載上のポイントにもなるのです。

❶起業（創業）の動機

事業を起こし、社会や経済に貢献していくためには、適正な利潤を獲得することが必要であり、利益獲得についての強い意志を有していることが大切ですが、私利私欲が前面に出たものではなく、「起業についての理念」や「地域社会への貢献」など、公共性や社会性を有していることが重要です。

❷事業経験や許認可・資格

許認可が必要な業種において、許認可を得ていない、または取得予定がない申込みを受けることはできませんが（取得予定の場合には、申請番号・認可予定日等を厳正に確認・チェックする）、許認可業種でなくとも、事業経験を長く有しているに越したことはありません。（未経験の事業を開始する人には融資しないということではありませんが）一般的に、起業（創業）する事業と同じ業種に継続して3年以上勤務（経験）していたことを条件としている金融機関が多いようです。

なお、事業を経験した勤務先については、会社名を固有名詞で確認・明記し、勤続年数や役職、具体的な経験業務等、起業（創業）した後の事業遂行力を判断

する際の材料となる要素をしっかり確認し、ポイントを押さえた記載を行うことが肝要です。

❸事業内容の詳細

　起業（創業）対象となる事業が扱う製品やサービスの内容は、正確に確認し、貸出稟議書に明確に記載することが必要です。とりわけ、事業の新規性が高く、ビジネスモデルを理解し難いものについては、製品の写真や図面等を要請し、わかりやすい内容とする努力が必要です。

　なお、起業（創業）者との面談において、自社の製品やサービスの内容（特徴）を金融機関の担当者にしっかり説明することができないようであれば、当該創業者がターゲットとする顧客に対しても有効なアピール（セールス）ができるとは考えられないため、融資の可否については慎重に判断することが必要です。

❹業績予想数値

　これについては、「起業（創業）当初」および「事業が軌道に乗った後」の数字を提出してもらい、比較検討することになりますが、金融機関の判断としては、「単に利益が大きければ良いというわけではない」ことに注意してください。

　重要なポイントは、当該起業（創業）計画の実現性であり、掲げられた事業施策との整合性です。言い換えれば「過大でなく、過少でもない、現実的な数字になっていること」が大事なのであり、そうでなければ、貸出稟議書の審査・決裁を行うことはできません。

　ひとつ「売上高」について例をあげるとすれば、たとえば、小売業のケースにおいては、売場面積などから業種ごとに客観的に算定されたものであることが必要であり、その場合の売場面積は、設備投資計画との整合性がとれており、客単価は業種業界の特性だけでなく、当該創業企業の経営戦略やターゲット顧客の消費パターン等に照らして合理的であることを確認することが重要です。

売上数字の算定式（例）

小売業	客数×客単価×（年間）営業日数＝売上高
	売場面積当たり売上高×店舗売場面積＝売上高
レストラン	客単価×席数×回転数＝売上高

❺必要な資金量とその調達方法

　まず、資金量については、資金使途が「設備」の場合には、「見積書」を要請し、起業（創業）計画書の数字と整合性がとれていることを確認します。また、「運転資金」の場合には、起業（創業）計画書の内容（決済条件や在庫保有量等）

によって必要額を計算し、妥当性を判断します（事業が軌道に乗るまでの運転資金は、平均月商の2～3カ月分が必要とされています）。

　ここで大切なポイントは、申込金額がしっかりとした明確な根拠に基づいていることを確認することです。

❻予定販売先・仕入先

　この場合の予定販売先とは、いわゆる「見込客」のことです。創業したての企業がターゲットとする販売先（顧客タイプ）を明確に定めていなかったり、漠然と市場全体を対象と考えている場合には、昨今の厳しい企業間競争に打ち勝つことは不可能です。知名度も企業力も脆弱な創業間もない企業は、ターゲットを明確に定め、特定のマーケットに集中することが肝要です。

　とりわけ、事業法人向けに特定の（特別な）製品の販売やサービスを予定している場合には、ターゲットとする企業名を個別に挙げられるくらいの明確な営業戦略がなければ、製品やサービスの内容の絞り込みが甘くなり（事前活動の不足）、事業の立ち上げは困難です。

　ただし、喫茶店やラーメン店等の飲食業においては、「周辺企業のOL向けの昼食」とか「学生・若手ビジネスマンを対象にしたガッツリ系」などと記載するほかありませんが、要は、提供を予定している製品やサービスが見込客のニーズに合致したものか否か、その妥当性を判断することができるレベルの記載内容が必要ということです。

　また、仕入面においても、提供する製品やサービスの品質を保つためには安定した仕入先が必要で重要な要素となりますが、新しく創業した企業は信用面で劣っており、その確保が容易ではないケースが少なくないため、販売先についての記載と同じレベルの内容が必要になります。

❼事業上の競争力

　「事業上の競争力」と言っても漠然としてつかみづらいかも知れませんが、平たく表現すれば、「申込者の会社（製品やサービス）がターゲットとする顧客に選ばれる理由」であり、「なぜ、ターゲット客が申込者の会社（製品やサービス）を選ぶのか」という理由（根拠）のことです。

　この点が明確でなければ、売上を伸ばす（獲得する）ことはできず、その結果、融資した貸出金の返済も困難になってしまいます。

　ゆえに、このポイントは本貸出稟議書の記載事項の中において最も重要なポイントの一つであり、書面または面談等において厳格にチェック・確認しなければなりません。

具体的には、「申込企業（の製品・サービス）は○○であり、その◇◇が競合他社よりも□□で勝っている」などの記載であり、競合他社との差別化が明確に図れており、ターゲットとする顧客に選ばれる合理的な理由が客観的に表現できていることが重要です。

　以上、起業（創業）計画書のポイント（＝貸出稟議書の記載ポイント）を学習してきましたが、最後に稟議内容の全体を通して「想定されるリスクが十分に考慮されているか」「創業主体の経営資源は足りているか」など、総合的な観点から当該起業（創業）計画の実行性・実現性を評価し、貸出稟議書の結論についての妥当性を最終的に判断することになります。

第4章　説得力ある稟議書の作成に必要な事業実態の把握

1．製造業の実態把握
2．海外現地法人の実態把握
3．建設業の実態把握
4．卸・小売業の実態把握

1. 製造業の実態把握

❶ 現場訪問の必要性

　工場を見学してみたら「作っている製品や設備が会社案内でイメージしていたより単純で今後の受注動向に不安を感じた」などという話を若手の渉外担当者から聞くことがあります。

　このような場合は、必ず「設備や製品が単純なのになぜ受注できるのかを踏み込んで確認することが大切です」とお答えしています。それは、単純と感じた製品について、「受注上の特徴」や「強み・弱み等の特徴」を理解することがその答えになるからであり、その企業をより深く、より正しく理解するきっかけになるからです。

　たとえば、当該製品や設備自体が単純であっても、「コスト競争力がある」「短納期に対応できる」「設計変更等に柔軟に対応できる」等、何らかの強みや特徴を持っていることが受注の決め手になっていることがあります。また、「小ロット・短納期」等、「他メーカーが手を出さない分野のニッチな市場を手がけている」ことが理由になっているケースもあります。

　現場訪問や工場見学によって、決算書からはうかがい知ることのできないこうした貴重な情報を得ることは、担当先メーカーにかかわる貸出稟議書を作成する場合において、時として決定的意味を持つことがあります。

　また、工場見学によって、生産効率の向上や合理化のために必要な投資に気づいて融資に結びつけたり、新しい販売先や外注先を紹介したりといった営業推進面の感覚を磨くことも大切です。

　このため、極力都合をつけて担当先の工場を見学することは非常に有意義であり、「決算分析」と「会社側の一方的説明」を頼りに貸出稟議書を作成している状態は大変心もとないといえます。

　なお、最初から生産現場について重要なポイントをつかむことは困難ですが、何回か訪問し説明を受けているうちに、必ず要領がつかめるようになりますの

で、メーカーを担当した際はぜひ根気よく現場訪問に挑戦してみてください。

❷ 事前準備

　一般的に、金融機関の職員は生産現場やメーカーの技術に対する知識が豊富とはいえないため、事前準備を満足に行わず訪問（工場見学）した場合は、「なるほど……」で終わってしまうことが多いようです。

　このため、以下の手順によって、事前に情報を収集し問題点あるいは確認すべきポイントを十分絞り込んだうえで訪問することが、効果的な実態把握を行う鍵になります。

❶業界情報の調査収集

　新聞記事・審査辞典等の出版物やホームページ等によって、対象事業に関する必要な情報を集めるようにします。収集する内容や範囲は調査対象の状況やニーズによって異なりますが、一例をあげれば以下のとおりです。

　　a．業界企業の現状（ミクロ）
- 調査対象の業界企業には現在何が求められているか、また何が必要か。
- 当該ニーズについての要求水準（加工精度・納期リードタイム等）はどのくらいか。
　　　　（例）半導体産業：継続的な設備投資が必要であり、資金調達力が非常に重要です。
　　　　　　　食品加工業：材料の調達能力（量・価格・季節的安定性等）および衛生管理体制が安定した運営の決め手になります。

　　b．事業環境（マクロ）
- 現状そして将来における競合先企業（競合数、リーディングカンパニー）の状況
- 事業のライフサイクル（業界の盛衰）、グローバルな事業環境など

❷財務計数の分析による着眼点の明確化

　決算書を最低３期分用意し、各勘定科目について「金額」「回転期間」の推移を同業比較および時系列によって分析します。

　なお、メーカーの財務諸表分析においては次のポイントが特に重要です。

［損益計算書］

　　a．売上総利益率

　　　売上総利益率が変動している場合は、その原因を確認するため、まず原価

の内訳を徹底的に分析します。その結果、明らかになった要因により、さらに踏み込んだ分析を行うべきポイントを絞り込みます。

(例)・納入価格低下に起因する場合、市況、受注先との力関係に加え、当該企業の技術力(製造品質の問題)などを再度分析します。
　　・売上減少に起因する場合は、上記に加え労務費の合理化やその弾力的対応の可能性を検証します（固定費合理化の可能性）。
　　・製造品目の変更内容および原因など

　b．販売管理費

　　人件費の多寡・多額の経費項目の妥当性などを検証します。

[製造原価報告書]

　a．労務費等の固定費推移

　　売上高の変動にどう対処しているか、特に売上減少局面においては固定費が主要な単価アップの要因となり粗利率低下を招くケースが多いため注意を要します。

　b．材料費率

　　時系列・同業比較において歩留まりが悪化していないか調査します。

　c．外注比率

　　時系列・同業比較等、大きく変動している場合は必ず確認すべきポイントです。中には、付加価値の高い加工を外注先に出し、安価な加工を社内で行っていたケースが珍しくなく、外注作業の内容や内製化の可否、妥当性の検証などを行います。

❸その他事前準備において活用する資料

　a．組織図

　　各管理者の管理分掌・役割分担、特に責任と権限が明確になっているかを確認します。これらが曖昧な場合、管理者の能力や体制自体に問題を抱えていることがあり、組織が有効に機能していないケースがあるため注意を要します。

　　また、当該企業の事業上のポイントになる部署（競争力の源）に力のある人材が配されているか、経営方針や戦略を具現化する体制になっているかなども重要なポイントになります。

　b．工場レイアウト図面

　　「物の流れ」や「機械の配置」等の概略を頭に入れて見学すると理解しやすく、的確な質問にもつながるため、工場のレイアウト図を事前に見ておく

ことは有益です。

工場のレイアウトを見て確認すべきポイントは、業界情報の調査収集過程において理解しておきます。たとえば、食品メーカーのHACCP（ハセップ）認証対応工場においては、「一方通行のライン」によって「製品の履歴を正確に捉えるような仕組み」になっていることなどです。

c．機械設備一覧表

機械設備は、合理的な「生産ライン」と優れた「生産管理体制」の下にあってこそ、その能力を発揮できるものであり、技術面の知識が豊富ではない金融機関の職員が機械の性能の善し悪しを単純に論じることは意味がないため、事前資料としてはあまり使用しません。

ただし、現場調査の後、対象企業の課題や管理状態を前提とした改善提案などを行う際は付属資料として活用することがあります。

以上、製造業の現場訪問にあたっては、上記のような事前準備を十分行ったうえで取引先を訪問することが大切です。

取引先企業が行っている事業に対する知識がなかったり、問題意識が不足していては、経営者や部門管理者と面談しても、一方的に先方の話を聞くだけになってしまいます。せっかく貴重な機会を得たにもかかわらず、課題や問題点について的確な質問ができないことは、金融機関だけでなく取引先企業にとっても時間の浪費です。

なお、管理責任者へのヒアリングにおいては、可能な限り計数に基づいた質問を行うことが肝心です。優秀な管理者ほど数値に基づいた説明が上手であり（その逆も然り）、問題点を正確に把握したり、経営幹部の資質を知るためにも重要なポイントになります。

また、製造業においては「在庫管理」にかかわる分析が非常に重要であり、事前調査の段階において可能な限り踏み込んだ分析を試みておくことが、現場訪問において成果を上げる鍵になります。

❸ 在庫管理に関する調査

製造業において、製品、原材料、仕掛品などの在庫はメーカーの成果であるとともに製造工程の潤滑油として重要な役割を果たしています。

在庫は「事業上の問題点が顕著に表れる勘定」であるとともに、「経理操作に

利用されやすい科目（粉飾経理で最も多いのが在庫の水増し操作です）」でもあるため、メーカーの分析を行ううえにおいて最も重視すべき科目です。事業上の問題点が顕著に表れるという意味は、在庫は厳格な管理を怠ると必ず増加する傾向があり、企業の管理レベルが端的に表れるためです。

❶在庫の役割

在庫の区分けにもいろいろありますが、一つの切り口として「安全在庫」と「ランニングストック」、「デットストック」と「成り行き在庫」という分け方があります。

このうち、ランニングストックは、正常な状態のラインにおいて加工中の在庫であり、安全在庫とともに正常な棚卸資産の範疇に含まれます。

一方、成り行き在庫は、管理の甘さによって原因がわからないまま、いつの間にか溜まってしまった在庫を指しており、遠因を探ればトラブルを恐れ余分に調達したものがほとんどであり、中小メーカーにおいて頻繁にみられる現象です。実態把握においては、まずこうした成り行き在庫とデッドストックを財務諸表分析において抜き出し、実態財務諸表を作成することから始めます。

しかし、「事業上の競争力」という観点において最も注力すべきは安全在庫とランニングストックの分析であり、改善に向けた提案です。

すなわち、反復性のある製品を生産しているメーカーにおいて「納期短縮」を図る最も安易な方法は、見込み生産を行い、完成品としてあるいは製造工程において仕掛品として在庫を大量に保有することです。

また、「稼働率アップ」を達成するためには、仕掛品を大量に抱え、段取替えを極力減らし同一アイテムをまとめて大ロット生産することが有利になります。これら「納期短縮」と「稼働率アップ」を図るために大量に保有した在庫は、いずれも不良在庫とはいえませんが、こうした目的によって在庫を大量に保有した場合、金利負担に加え保管コスト・管理コスト・陳腐化リスク等々、多大なコストとリスクを負うことになります。

さらに、在庫は製造工程における潤滑油としての役割を果たすため、正常といえども在庫を大量に保有していると、「設備の不具合」や「過剰人員」「不良品の発生」等、改善すべき重要な問題が隠れて表に出てこないのです[注1]。

その結果、いわゆる「目でみる管理」が機能せず重要な問題の発見が遅れ、対策が後手に回る危険があるという意味において、在庫はメーカーにとっての両刃の剣であり、過剰となった場合には「コスト負担」や「デッドストックのリスク」に加え「管理上のマイナス」が生ずることによってメーカーの競争力を大き

く損なうことになります。

> **（注1）目で見る「過剰人員」の管理の落とし穴**
> 　　仕事量に比べ人員が過剰であれば、作業者は仕事がなく手待ちになるため人員の過剰が目で見てわかるのですが、仕掛り在庫を大量に保有していると、その間作業者はとりあえず仕掛品の加工をしているため、見ただけでは過剰人員の発見が難しくなるのです。

❷在庫についての一般的なチェックポイント

- 棚卸方法とその時期（4半期・期末のみ等）
  ☞帳簿在庫と実地棚卸との相違額、相違原因は何かを調査
- デッドやスリープはどのくらいあるか
  ☞別保管の在庫や旧日付伝票の在庫を調査
- 製造ラインの配置における原材料や製品在庫の置き場所と保管状態
- 工程における仕掛在庫の発生状況　☞ラインバランスの妥当性
- 材料取り（作業員が原材料を補充するためストックヤードに取りに行く）作業の合理性（材料の保管状況のわかりやすさ等）
- 在庫管理方法（管理帳簿とその使用状況・発注方法の合理性
  ☞ ABC分析などによって管理方法を決定
- 在庫水準は妥当か　☞適正在庫の意識（認識）があるか確認

　在庫管理については、原則として上記のポイントを確認することが必要ですが、対象企業の事業内容や原価構成、在庫管理レベルなどによっても異なります。たとえば、材料単価が比較的安価で製造原価に占めるウエイトも低い場合において、在庫管理の仕組みが確立しており管理レベルも高い先に対しては詳細な調査を省略できる場合があります。

　また、完成品メーカーについては、製品の特徴や競争力、販売ルートを確認することが重要であり、一方、下請部品メーカーについては、納期対応力が重要であるため、受注条件や生産管理能力を確認することが必要です。

事例1　在庫の動きに着目した汎用部品メーカーの事例

　A社は比較的付加価値の低い汎用品を製造して、直接ユーザーに販売している中堅部品メーカーです。
　X3期、A社は同社製品の市場における競争激化と新製品投入の遅れによって売上不振となり営業損失を計上しています。

なお、A社製品は、構造上、材料コストの引下げが困難であったため、コストダウンの中心は労務費および外注費の合理化であり、こうした売上急減に対しては非常に困難な運営を余儀なくされていました。

以上、事例A社の収益資料（特に在庫の動きに注目）を時系列で分析し、同社の「事業上の課題」および実態修正について考えてみましょう。

㈱A社：損益計算書　　　　　　（単位：百万円）

		X1期		X2期		X3期	
売上高		21,324	（％）	18,997	（％）	16,431	（％）
売上原価		17,557	82.3	15,652	82.4	13,533	82.4
	材料費	8,511	39.9	7,600	40.0	6,580	40.0
	労務費	**2,209**	**10.4**	**1,952**	**10.3**	**1,702**	**10.4**
	外注費	4,294	20.1	3,735	19.7	2,963	18.0
	経　費	2,543	11.9	2,365	12.4	2,288	13.9
売上総利益		3,767	17.7	3,345	17.6	2,898	17.6
販売管理費		3,001	14.1	2,957	15.6	2,904	17.7
	人件費	1,101	5.2	1,055	5.6	1,009	6.1
営業利益		766	3.6	388	2.0	▲6	－

㈱A社：財務比率表

	X－3期	X－2期	X－1期	X0期	X1期	X2期	X3期
売上総利益率（％）	20.8	19.8	17.9	18.4	17.7	17.6	17.6
棚卸資産回転期間（回）	1.6	2.2	2.7	3.2	3.4	3.6	3.9
製品回転期間（回）	1.2	1.6	1.7	2.0	2.0	2.2	2.4
仕掛品回転期間（回）	0.1	0.1	0.3	0.4	0.4	0.4	0.5
減価償却率（％）	9.7	9.8	8.4	8.3	9.0	8.6	7.8
借入金依存度（％）	38.2	43.0	44.6	49.2	52.1	48.9	45.9

❶損益計算書分析のポイント

A社は、上記の期間、2割を超える売上激減に見舞われ営業損失に転落しました。

このように売上が激減しているメーカーの決算書を見る場合、第一に注目すべきポイントは固定費の推移（合理化への取組み）であり、次いで外注費（外注依

存度が高い場合)、材料費(自前の設計・仕様による製品を作っており、当該変更等によってコストダウンを図ることができる場合)の動きになります。

事例A社の事前説明によると、原価構成において最もウエイトの高い材料コストの合理化は困難という前提がありますので、労務費ならびに外注費の推移をみていくことにします。

•労務費および外注費の削減

A社の労務費は、X1期の2,209百万円からX3期には1,702百万円へと、わずか2期の間に2割を大きく上回る削減が行われています。しかも、その間、外注費比率についても20％から18％へと大幅に圧縮し内製化を進めたことがわかります。

このレベルの合理化は、単純なリストラや費用カットだけで達成できるものではなく、生産現場における相当の効率アップが必要になります。

このため、本件の分析にあたっては、費用削減とともに生産効率の向上策とその成果についてもしっかり確認しておくことが大切であり、質の高い分析につながります(注2)。

•経営者の力量の高さ

上記労務費および外注費の削減は生産効率の向上を同時に達成しなければ実行できないことに加え、リストラ(給与カットあるいは人員削減)の難しさはいうまでもありません。

また、借入金依存度の推移をみても、資産処分等によって借入金の圧縮を同時並行的に進めたことがうかがえます。

これらを上記の業績低下に際し、即座に断行した経営者の力量は高く評価できるものと考えます(ただし、売上減少があまりに急激かつ大幅であったため、合理化が追いつかず赤字が避けられなかったものと推測されます)。

このことは、長引く不況下にあり、事業環境の悪化が明らかであるにもかかわらず、一向に固定費削減に手がつかず、業績低下に歯止めがかからない企業が多いことからも理解できると思います。

(注2) 生産効率向上策とその成果の確認
　　　資産処分による借入金の圧縮やリストラによる固定費削減の重要性を否定するわけではありませんが、当該リストラによる削減が、(A社の事例とは異なり)生産効率の向上を伴わない場合には、一時的な費用削減に終わるケースが少なからず見受けられることも事実です。

❷財務比率表の分析ポイント

・売上総利益率の低下

X−3期には20％を超えていた売上総利益率が、直前期のX3期には17.6％にまで低下しています。これは、同社製品の仕様（事例における前提）および原価構成によって大幅なコストダウンが困難なことが一つの原因と考えられますが、根本的には同社製品の（購買）価値自体が低下したためと考えられます。

・棚卸資産回転期間の長期化

上記財務比率表において棚卸資産回転期間（同社は直接ユーザーに最終製品を販売しているため製品回転期間を特に注視する）の大幅な長期化がみられます。

「在庫の動きは当該製品の競争力や製造能力の帰結であり、メーカーとしての本質的な競争力が表れる」ということがいわれますが、その観点において、A社の製品回転期間は上記期間において約2倍になっており、製品の競争力、A社のメーカーとしての力の後退を物語っています（棚卸資産回転期間はできるだけ長期間の推移を確認することが望ましく、本事例においても過去3期間のデータだけで当該変化を確認することは困難です）。

以上、A社については、売上激減に対する経営者の取組み姿勢と対応能力は高く評価できるものの、既存製品の競争力低下は明らかです。このため当該リストラには自ずと限界があり、A社の事業を根本的に立て直すためには、今後A社を支えるべき付加価値の高い新製品の開発投入にかかっているといえます。

このため、A社の実態把握にあたり、長期的観点において最も重要なポイントは、「製品開発体制」および「技術力」の評価になります。

事例2　在庫の動きに着目した下請けメーカーの課題発見

B社は日本を代表する工作機械製造会社P工業の下請け部品メーカーであり、同社からの受注が全売上の約70％に達するほぼ一社依存型の受注構造になっていました。

㈱B社：損益計算書　　　　　　　　（単位：百万円）

	Y1期		Y2期		Y3期		Y4期	
		（％）		（％）		（％）		（％）
売上高	5,988		5,100		4,300		4,100	
売上原価	5,200	86.8	4,446	87.2	3,732	86.8	3,504	85.5
材料費	1,112	18.6	954	18.7	787	18.3	738	18.0
労務費	**1,005**	**16.8**	**820**	**16.1**	**688**	**16.0**	**615**	**15.0**
外注費	2,300	38.4	1,994	39.1	1,806	42.0	1,640	40.0
経　費	783	13.1	678	13.3	451	10.5	511	12.5
売上総利益	788	13.2	654	12.8	568	13.2	596	14.5
販売管理費	699	11.7	630	12.4	570	13.3	557	13.6
人件費	**388**	**6.5**	**340**	**6.7**	**310**	**7.2**	**302**	**7.4**
営業利益	89	1.5	24	0.5	－2	－	39	1.0
営業外収益	89	1.5	86	1.7	85	2.0	85	2.1
営業外費用	98	1.6	109	2.1	99	2.3	98	2.4
支払利息	79	1.3	90	1.8	85	2.0	85	2.1
経常利益	80	1.3	1	－	－16	－0.4	26	0.6
特別利益	10	0.2	10	0.2	10	0.2	10	0.2
特別損失	20	0.3	20	0.4	20	0.5	20	0.5
税引前利益	**70**	**1.2**	**－9**	**－0.2**	**－26**	**－0.6**	**16**	**0.4**

　当然、P工業からは毎期厳しいコストダウン要請を受けていますが、特に昨今は納期短縮が強く求められており、納期遅れに対しては厳しいペナルティが課されるため、納期管理に苦労している様子がありありとうかがえました。

　こうした状況下、B社は競合下請けメーカーとの受注競争の激化によって売上高の落ち込みが続き、苦しい事業運営を強いられていました。

　以上、B社の現状および連続損益計算書によって、同社の事業上の課題および問題点を考えてみましょう。

❶損益計算書分析のポイント

・黒字転換の成果

　B社は受注競争激化による急激な売上減少によって、Y2期は期間損益が赤字となり、Y3期には営業段階においても損失を計上していました。

　しかし、この間、当社は思い切ったリストラを断行しており、Y4期には早くも黒字回復を果たすなど非常に大きな成果を上げています。

これほど急激な売上激減にさらされながら黒字転換を果たしたことは、前事例同様、経営者の能力の高さを示すものであり、評価に値いします[注1]。

・コストダウンの成果

B社が黒字転換を果した最大の要因は、経営全般にわたるコストダウンが功を奏したものです。

まず、原価の2割弱を占める「材料費」については大きく改善が図られています。これについては要因を調査し、恒常的に予定できるものか、それとも一時的原因によるものかの確認を行うことが必要です。

また、B社の原価構成上、重要なポイントは外注費と労務費であり、外注先に大きく依存した生産体制である以上、売上激減の下においてどのような調整を行ったのか詳細に調査することが必要です。

この観点において原価構成の変化に眼をやると、上記の期間、「労務費」に対し4割弱もの凄まじい削減が行われています。他方、「外注費」は生産量の激減によって金額は大きく減少していますが、ウエイト的にはむしろアップしており、外注依存の生産体制がさらに進んだことが推測できます[注2]。

このため、当社の外注費および労務費の動きについては、生産能力の見極めという観点において変動の原因・要素を厳格に調査・分析することが必要です。

（注1）固定費の合理化

固定費の合理化は堅実な業績予測に基づいて後追いにならないように実行することが大切であり、新商品の開発や販路開拓等と同時並行的に進めることが理想です。このようなケースにおいて懸念される事態は、固定費削減のみに終始した結果、売上減少に歯止めがかからず事業のジリ貧を招くことであり、この場合はいったん黒字転換したとしても再度赤字に転落するケースが少なからずみられます。

（注2）内製化

受注量が本事例のように減少した場合は、一般的に工場の生産能力が余剰となるため、自社工場を遊ばせないように、それまで外に出していた加工（外注）を自社工場において行うこと（内製化）が理想です。

しかし、現実にはそのようにならないことが多くあり、その原因の一つは、メッキや塗装等、短期間に内製化することが困難な加工であり、それはやむを得ないことといえます。最も多いケースは、製造技術や生産効率の低さに起因する自社工場の弱体化であり、そのため内製化したくともできないケースです。

❷財務比率の分析ポイント

㈱B社：財務比率推移

	Y1期	Y2期	Y3期	Y4期	同業指標
自己資本比率（％）	8.1	8.0	7.1	9.0	22.5
流動比率（％）	98.1	99.4	107.7	107.6	121.9
固定比率（％）	650.1	660.9	870.9	490.8	228.6
売掛金回転期間（回）	2.5	2.6	2.5	2.5	2.0
棚卸資産回転期間（回）	**0.9**	**1.3**	**1.9**	**2.2**	**0.7**
買掛金回転期間（回）	2.4	2.6	2.5	2.4	1.9
借入金対月商比率（％）	4.9	5.9	6.7	7.5	3.7
借入依存度（％）	44.9	50.6	55.9	59.8	－
経常収支比率（％）	97.3	101.5	99.8	97.1	105.2
経常損益比率（％）	104.4	104.9	102.6	105.9	－

棚卸資産回転期間　　　　（単位：百万円）

	Y1期	Y2期	Y3期	Y4期
売上高	5,988	5,100	4,300	4,100
製品在庫	133	143	160	168
原材料在庫	80	81	81	82
仕掛品在庫	236	329	440	502
＊仕掛品回転期間（回）	0.47	0.77	1.23	1.47

・短納期対応能力の不足

　メーカーの本質的な競争力が表れるともいえる「棚卸資産回転期間」が、B社においても長期化しています。

　当該比率を同業と比較した場合、Y1期はほぼ同業平均と同水準にありましたが、Y4期になると同業平均の約3倍に達しており、当該期間において急速に悪化しています。

　また、棚卸資産回転期間の内訳に目を転じると、B社においては仕掛品の増加が顕著であり、このことから次のことが推測されます。

　B社が受注を得るためには、大手メーカーP工業からの納期短縮要請をクリアすることが大前提ですが、前記のとおり、生産量激減の下において外注依存度が高まっていることから懸念されるように、B社の製造能力は競合メーカーに比較

して決して勝っているとはいえず、仕掛品を大量に抱えることによって納期遅れが生じないようにしていたということです。

　　・下請け競争力の弱体（メーカーとしての特徴の不足）
　納期対応のために仕掛在庫を増加し大量に保有していることは、B社がP工業との取引において非常に弱い立場にあることの証しと考えられます。
　つまり、B社が技術やコストなど何らかの面において、他の競合下請先に勝る強い競争力を有していれば、これほど多額の仕掛品を保有することによって在庫リスク[注3]を負うことはなかったと考えられるからです。

　　（注3）仕掛品の在庫リスク
　　　　仕掛品が抱える在庫リスクとしては、資金上の負担や管理コストに加え「製品変更による廃棄リスク」が大きな不安定要因になります。

❸在庫の管理能力はメーカー評価における根本的要素

　大手メーカーP工業からの受注に大きく依存しているB社の仕掛在庫の増加は、同社の納期対応力（製造のリードタイムや生産管理能力）の弱さに大きな問題があることを示しています。
　つまり、受注先から短納期を要求されても、正常な生産状態の下で対応することができない場合は、仕掛在庫を余分に抱えることによって短納期に備える以外ないからです。
　このため、当社に関しては、正常な生産状態においてP工業の要求する短納期レベルを満たすことができて、在庫圧縮が進んだ段階においてはじめて、業績回復（黒字転換）を評価できるといえるのです。
　仮に、それが不可能であれば、当社は過重な「在庫負担」あるいはさらなる「短納期要請」に対し、いずれ長期的に対応できなくなり脱落する可能性も否定できません[注4]。
　以上、メーカーの分析として「在庫の動きは企業の力を端的に表している」という説があります。本事例においてはメーカーを採り上げましたが、販売業については、売れ筋・死に筋を的確に把握する仕組みが不可欠であり、仮に、不良在庫がなかったとしても、当該システムや仕組みの巧拙は、企業評価を行う際の決定的なポイントになります。
　こうした在庫管理体制が確立しておらず、正常な商品も動きの鈍い商品も一緒くたになっている企業は、在庫管理に重大な問題があるといえ、早急に根本的改善に着手するべきです。

(注4) 下請け先の事業上の弱み

　　納期対応力に難があっても、製品の競争力（技術・コスト等）が他に抜きん出ていれば、受注先に対して相応の発言力を持つことができるため、納期対応のために仕掛品を不合理に増加させ、資金負担や多大なリスクを下請け先が負う必要はありません。しかし、B社の在庫増加を見る限り、そうした強みは感じられず、かつ、特定受注先に対する依存度が極めて高いことが、かえって同社の事業上の弱みになっています。

❹ 生産現場の訪問

■1 現場見学時の一般的着眼点

　生産現場を訪問した際、まず着目すべき一般的なポイントは下記①～⑤ですが、見学の際、常に頭に置いておくべきことは、「当該工場（製造現場）にはどんな役割（貢献）が求められているか」「受注上の決め手になる要素（強み）は何か」、そして当該「特徴や強みを強化するためにどんな具体的施策を行っているか」ということです。

　そして、当該ポイントについて少しでも疑問に感じた事象があればタイムリーに質問し、疑問をその都度解消するように心がけることです。

① 整理整頓状況
② 材料・仕掛品・製品在庫の量・保管状況
③ 不良品の量および管理状況
④ 現場工員の作業態度
⑤ ノウハウの蓄積・独自の技術

　工場の見学は「工程分析」の手順に準拠して行うことが望ましく、工場レイアウト図面をみながら物の流れ・機械の配置等の概略を頭に入れて見学すると理解しやすく、的確な質問にもつながります。

　なお、工場の「レイアウト図」がない場合は、その工場がラインの見直しをあまり行っていない証(あかし)であり、製造現場における問題意識が希薄との見方ができます。　☞常に製造ラインの見直しや改善に努めることは、メーカーとしての基本的姿勢です。

　また、生産現場の見学は、金融機関が常日頃接点を持っている経理担当者ではなく、現場責任者に同行していただくことが有意義であり、取引先の違った一面を発見することがあります。

❷現場訪問のポイント

では、上記の一般的ポイントからさらに踏み込んだ分析を行う場合には、どんな計数やポイントを確認すれば効果的な実態把握ができるかということになると、これは対象とするメーカーの特徴（事業基盤・能力等々）によって異なるため一概にはいえませんが、一般的には次の項目が一例になります。

① 納期遅れの割合とその原因
② 操業度の変動とそれに対する対応状況（固定費合理化、労働分配率の調整）
③ 不良率の推移とその発生原因
④ 機械設備については「稼働率」、在庫については「アイテムごとの売上高・粗利率等の推移」

〈具体例〉
① 価格競争の渦中にある製品を製造しているメーカーについては、コストダウンの具体策や取組み姿勢など
② 試作品を製造しているメーカーについては短納期対応の仕組みやさらなる納期短縮の可能性など

❺ 生産ラインの分析

具体的テーマとして「機械中心のライン」においては、機械の稼働率を上げることが重要であり、「作業者中心の労働集約的現場」においては、人を効率よく動かすことが重要になるため、ノルマ、インセンティブ、ペナルティ等の管理を強化することが重要になります。

しかし、いずれの場合においても重要なことは、当該メーカーが「現在、付加価値や利益をどんな形で得ているか」そして「将来的にはどんな形で付加価値を稼ぐべきか」という見通しと戦略です。

たとえは、現在、付加価値の低い加工を行っているメーカーがあり、24時間機械をフル稼働させることによって付加価値の低さを補っていたとします。しかし、それでは労多くして実りが少ない状態から脱却できないため、一般的には高付加価値の受注（たとえば特急の試作など）を取り込もうということになりますが、そのためには、いつ入ってくるかわからない特急受注に備えてラインを常に空けておかなければならないというジレンマに遭遇することになるわけです。

すなわち、各メーカーがどのような強み・特徴あるいは戦略を持っているかに

よって、製造ラインの設計も生産効率アップのポイントもまったく異なってくるということなのです。

❶製造ラインを見学する際の着眼点
① 生産方式（大量生産・多品種少量生産など、生産品目によって機械の並べ方が異なります）
② 工場建物の形状（生産ラインの増設や変更の余地があるか等）
③ 在庫スペースと必要在庫量の対比（バランス）
④ ラインバランスの合理性（各工程の能力がバランスしているか、❷参照）
⑤ 単純化の原則（工場建物をワンブロックにする、材料や仕掛品の置場を管理しやすいように配置する、材料部品庫は原則1カ所にまとめて配置する等）
⑥ 廃液処理（メッキ・食品）・廃材処分（建材）・騒音問題（プレス）など、公害対策への配慮が十分なされているか

❷製造ラインの分析ポイント（上記と一部重複します）
① 工場の生産能力を決定づける工程（制約工程）はどこか
（例）味噌工場：麹製造工程や熟成タンクの能力
　　　　塗装・メッキ等の工程を外注している企業：当該外注工程
② 上記①の制約工程の能力はどのくらいか
　当面の受注量（生産規模）を予測し、現状の当該制約工程の能力で対応できるか、能力増強が必要であるとすれば、設備投資の規模と時期はいつごろになるか
③ ラインバランスの妥当性
　重要なことは、製造ラインにおける各工程の加工能力のバランスをとることです。最先端の設備を導入したとしても、各ライン間のバランスがとれていなければ合理的な生産は困難です。
④ 現在ネックになっている工程はどこか
　直接質問することが難しい場合は、「仕掛品が溜っている工程はどこか」など別の面から質問してみると問題点が見えてくる場合があります。
⑤ 定着率
　優秀な技術者や熟練が必要な作業者など、当該企業の競争力の源になっている人材の定着率は極めて重要です。リストラなどによって人員削減が行われている場合は、どのような人物が退社したかを調査し、リストラの進め方の妥当性を確認することが大切です。力のある人材から流出し、企業の力を

弱めているケースが少なからず見受けられます。

　また逆に、本来、作業環境が非常に厳しい職場であるはずなのに、定着率が異常に良いケースについては、別の観点から原因を確認してみることが必要です。☞業績が芳しくないのに居心地だけは良い職場になっていたケースがありました。目標管理や実績チェックなどによって確認します。

なお、海外現地法人については、現地の人材を有効に活用しているか、人事制度なども調査します。

事例3　従業員の定着率

　従業員の変動が激しい企業については、その正確な状況と原因を確認することが必要です。その際、退職者数が明かされないこともあり、その場合は期末の従業員数と採用者数から逆算して算出します。

従業員数の推移

	X1期	X2期	X3期	X4期	X5期	X6期	X7期	X8期
採用者数	4	5	9	5	9	5	5	6
退職者数	1	13	3	3	8	13	6	2
期末社員数	79	71	77	79	80	72	71	75

　上記事例から、当社の過去8期間にわたる従業員数の推移をみると、定着率が極めて悪く、特に毎期退職者が絶えない状況は、労務管理上の問題の根深さが推測されます。

　このような状態（激しい社員の出入り）は、ノウハウや技術の伝承が阻害される可能性にとどまらず、意欲ある優秀な社員を失う結果になっていることが多く、企業力の低下に直結しているケースが少なからず見受けられます。

❸機械設備中心のラインの着眼点

　装置産業を典型とする機械設備中心型のラインにおいては、一般的に下記①～⑦を着眼点として確認しますが、大規模設備や最新の機械を備えていても、それだけで必ずしも良い（競争力に優れた）工場ということにはなりません。

　メーカーの能力は、設備などのハードな要素だけでなく、製造技術や在庫管理あるいは生産管理など、ソフト面における要素を含めトータルとして力を発揮することによってはじめて成り立つからです。

① 機械の性能　☞同業他社と比較した場合の長所・短所
② 償却状況　☞限度一杯の償却を行っているか・特別償却を行っているか
③ 買取りかリースか　☞当該形態は機械の経済的寿命からみて妥当か
④ 主要設備の稼動率
⑤ 休止している機械とその原因
⑥ 工場全体の操業体制　☞1直、2直、24時間体制など
⑦ 最大生産能力

❹労働集約型ラインの着眼点

　手作業は、労働者の熟練度の差が品質・出来栄えや生産量を大きく左右することになるため、まず労働者の熟練度を上げることが第一義的に重要になります。

　しかし、生産規模の拡大や労働者の交代を考えた場合、熟練度に左右されることなく安定した生産レベルを維持することができる体制を構築することがより一層重要であり、競争力の向上につながります。

　そのためには、まず管理レベルの向上を図ることが必要であり、動作の容易化や単純化を図り、物の置き方や設備配置を工夫し無駄な動きを減らす工夫が大切です。

　また、作業を標準化し、治工具の利用や手作業を機械に置き換えることによって熟練の必要性を減らすことも重要です。

〈作業者中心のラインを見学する際のポイント〉

① 作業者の態度・スピード

　　作業内容に「付加価値を産み出さない上下動」が目立つことはないか（加工業において上下動および運搬が付加価値を産み出すことは原則としてありません）、同じく、工具等を探したり取りに行くなどの無駄がないか。また、作業者に脇見や怠惰な姿勢・手待ちなどが見られる場合には、原因は何かを確認します（たとえば、前工程の遅れや材料手配や外注の納期遅れ等）。

② 能率アップの具体策

　　各作業者の仕事の指示（割振り）は合理的に行われているか、漠然とした目標や管理になっていないか、ノルマ、ペナルティ、インセンティブを有効に活用した仕組みづくりがなされているか、などです。

　　また、「作業日報」がキチンと作成され、不具合の改善や効率アップ、成果評価等に有効に活用されているかも確認します。

③ 小集団活動

　　一時期ほどではないにしても、今も多くの企業においてQC活動が盛んに

行われています。しかし、多くの企業は事業環境の激変期にあり現場段階の活動によって改善可能な範囲は限られているため、トップダウンによる抜本的改革が鍵(キーポイント)になっています。

6 生産計画・生産管理

❶生産計画の意義

「生産計画」とは自社の設備・人員・資金等の生産能力を考慮し、最も合理的に生産するための作業手順を決めることです。

一般に生産計画は「販売計画」に基づいて作成されるため、販売計画の精度が生産計画に大きな影響を与えることになります。このため、メーカーの生産計画の分析においては、営業部門が作成した販売計画の精度や根拠を同時並行的に確認することになります。

しかし、どんなに販売計画の精度が高くとも販売計画は予測に基づくものであり、予測には当然誤差が避けられないため、この誤差をカバーするために安全在庫が必要になるのです。

在庫保有量が多い企業を調査すると、製造部門と営業部門の連携が悪く合理的な生産計画が組めないために、納期遅れや欠品を恐れ在庫を大量に保有しているケースがよくあります。

合理的な生産を行うためには、材料手配の計画を合理的に作成するとともに、手順計画によって加工順序を合理的に決定し、しっかりとした生産管理によってそれらを機能的に統制することが必要です。

❷生産計画・生産管理について確認すべきポイント

① **生産管理体制**
- 生産管理担当者の経験・能力・姿勢
- 具体的な生産管理の方法
- 生産量の(季節)変動に対する対処方法(たとえば、生産の季節変動が大きい場合、パート対応・在庫対応・外注管理等において合理的な対策が採られているかなど)

② **納期遅れの状況**

納期管理は、中小下請メーカーに限らずすべてのメーカーにとって重要な課題であり、メーカーとしての信用に直結する問題であるだけに、金融機関の実態把握において「納期管理状況(納期遅れの有無)」を確認することは

非常に重要です。

その際、同時に「納期遅れの原因・理由」を詳細に確認することも大切です。たとえば、特急注文・納期変更・設計変更・原材料切れ等、その原因によって企業の弱点が明らかになり、改善すべきポイントを絞り込むことができます。

③ 配送体制

具体的な配送体制ならびに当該体制とリードタイムの関係やコストについて分析します。また、納期管理のミスにより、割高な航空便による配送が頻発するなど不合理なコストが生じていることはないかなども確認します。業種によっては配送コスト（管理）の優劣がコスト競争上決定的意味をもつ場合もあります。

❼ 採算管理の重要性

■1 確実な原価計算の仕組みと正しい原価標準

大手企業の多くは、下請けメーカーに対し定期的にコストダウンを要求しており、コストダウンに応じられない企業に対しては発注が打ち切られるケースもあります。

また、グローバルな最適調達・最適生産によって海外メーカーとの価格競争が激化しており、地方の企業といえども海外メーカーの低コスト攻勢によって大きな影響を受けています。

このため、「コストダウン」や「生産性の向上」は、日々の受注を確保する上においても不可欠のテーマになっており、メーカーが日常的にクリアしていかなければならない課題といえます。

そしてこの課題に取り組むために必要不可欠なものが、確固とした「原価計算や採算管理の仕組み」であり、正しい「原価標準」です。確実な原価計算の仕組みや正しい原価標準がなければ効率を図るモノサシがないに等しく、標準と実績の差異分析を行うこともできず、効率アップの成果を上げることは不可能です。

■2 採算管理体制の検証

① 採算管理の体制や仕組み

目標管理の仕組みが査定やインセンティブに直結するなど、コストダウンへの取組みが具体的活動につながる仕組みになっているか検証します。

② 主要発注先からの（定期的な）コストダウン要請に対する対応
　　主要な原価要素に対し責任者が明確に決まっており、スケジュール化されているか、責任と権限や査定方法を確認します。
③ 原価見積りの妥当性
　　不確かな「見積り」によって受注判断を行っているケースが多く、実際原価による検証と差異分析が行われているかを確認します。
④ ポイントを絞った対策がとられているか
　　材料費・労務費・外注費、ウエイトの高い部分に的を絞った効果的対策が採られているか確認します。

　以上、メーカーの調査というと工場の機械装置の優劣を問題にする人が多いようですが、決してそうではありません。製造業において最先端の設備が当該企業の競争力の源になっているケースはほんの一握りであり、むしろ、「大手発注先から指定された価格」に忠実に従って「納期を守り」、「不良品を出さない」ことが受注の決め手になっているケースが多いのです。
　また中には、発注先の意のままに「便利屋的生産」を行うことが重宝がられて受注を得ている下請け企業も少なくありません。
　金融機関の実態把握は、こうした製造業の「特徴」や「強み・弱み」を正しく理解し、「生産管理の基本」や「原価計算の仕組み」など、身近な部分から改善策を提案し、取引先の業績向上に寄与していくことが大切です。

2．海外現地法人の実態把握

現在、多くの企業が海外に拠点を設けており、海外子会社の評価は金融機関にとって必要不可欠の作業となっています。

海外現地法人（現法）の評価については、「現法を設立した国によって事業環境が大きく異なり」、また「販売拠点であるか生産拠点であるか」、さらに「生産現法であればその求められる生産工程上の役割」など、単純に業績の善し悪しだけで評価できないケースがあります。

たとえば、生産拠点については、生産が軌道に乗る（生産規模が拡大する）までの間は、固定費負担によって赤字が続くことは当然であり、赤字あるいは債務超過を理由として海外生産を否定することはできません（この点に関しては、仕入れた製品を販売する販社についての評価は比較的容易といえます）。

このため、海外現法の評価にあたっては、分析対象とする企業の戦略を広く理解し、現法の役割を正しく認識することがまず必要になります。

また、海外現法の調査にあたっては、資料が満足に揃わないことが多いため、限られた資料の中で分析方法を工夫することも重要です。

❶ 実態把握にあたって注意すべきポイント

❶決算書の信憑性確認

- 決算内容の不合理・不連続

  例：繰越金の不整合など決算期毎の勘定科目の不連続、決算月の試算表と決算書の大幅な不一致（決算調整以外の不一致）など

- 親子間の相殺勘定の不一致（除為替換算にかかわる軽微な相違）

  例：債権債務の親子会社間の不一致・出資資本勘定の親子会社間の不一致

上記例示のような単純かつ基本的な事項について確認の必要性を説いたり、あえて決算書の信頼性確認の必要性を取り上げる理由は、国による経理処理の違い、現法の経理部門の能力の問題などによって、親子間の決算書において相手勘定の金額が大きく相違しており、原因すら確認できないといったケースが珍しく

ないからです。

　また、さらに深刻な問題として、日本本社の統制力が十分でないことによって、現地責任者による恣意的処理や不正が見逃されてしまうケースも少なからずあります。

　国や企業によっても事情は大きく異なるため一概にはいえませんが、（大変失礼な話ではありますが）外部監査の対象となっていない非公開企業の現法決算書の数字については、まず疑ってかかるくらいの慎重さが必要です。

❷幹部面接にあたっては会社側の説明を鵜呑みにせず必ず検証する

　ヒアリングのポイントは、海外現法についても基本的に変わることはありません。しかし、海外現法については、上記❶の困難さに加え、現地の状況が確認できないため、現法責任者の説明（言い分）を鵜呑みにして作成された貸出稟議書をときおり見受けます。

　これは、ある面においてやむを得ないと思いますが、そうした場合においては、必ず数字的資料によって検証し裏づけを取ることが必要です。

❸連結損益計算書による総合的判断

　海外工場の生産品の大半が本社に対する売上である場合、仕切価格を変更することによって現法の業績を調整することが可能です。このような関係にある両社について単体決算における損益を別々に検討することはあまり意味がなく、連結損益の推移によって海外事業の妥当性を判断すべきです。

　また、連結損益が改善されていても、それでよしとするわけにはいきません。日本国内工場からの生産移管によって、基本的に不合理な状態にある海外現法の固定費（生産体制）が薄まり損益が改善されたに過ぎず、競争力のある生産（効率）に達していないようなケースが往々にしてあるからです（後記事例3「海外生産移管と連結損益の計算」参照）。

　このため、まず、国内・海外連結の管理資料によって「トータルコストダウンの成果」を確認し、次いで、「海外現法の生産効率」や「コスト競争力の推移」を現法の管理資料によって確認することが大切です。

　なお、トータルコストダウンの成果を判断する場合、関係する生産拠点すべての「製造原価報告書」を揃えることが望ましいわけですが、現実には入手困難であることに加え、国によってフォームが異なり分析できない場合があるため、「連結損益計算書」を活用するケースが多いと思われます（企業が連結財務諸表を作成していない場合は、金融機関において単純連結を作成することが必要です）。

事例1　A社現法幹部へのヒアリング

現法の実態把握においても部門責任者との面談調査が出発点であり鍵になります。以下の面談内容からA社の事業上の問題点あるいは分析ポイントを考えてみましょう。

❶現法幹部の発言

A社役員の説明によれば、「当社は主要受注先の海外移転に追随し現法を設立しましたが、当該取引先からの受注が減少したため、現在は現法周辺の日系企業からの受注取込みを図っている」とのことでした。

また、「現法は生産能力一杯の受注がある」とのことでしだが、利益体質が確立せず資金回収も進んでいませんでした。

この点については、現状の受注に採算上の問題があることを認識している幹部もいましたが、正確な原価計算がないこともあり、「稼働率維持のため付加価値の低い受注を取り込むこともやむを得ない」という感覚にとどまっていました。

他方、営業部門責任者からは「製造部門の力不足によって主体的受注活動ができないため、稼働率を維持するため採算面にはある程度目をつぶり営業せざるを得ない」旨の発言がありました。

❷事業上の問題点と実態把握のポイント

① 利益体質が確立せず資金回収も進んでいない事実は、現法の生産体制自体に根本的問題があると推測されます。

② 上記根本的問題としては、付加価値が低い製品しか受注できない状態、すなわち、営業部門の弱体、製造部門の競争力不足などが考えられます。

③ 正確な原価計算がないことは生産効率向上にあたって致命的なことといえます。

④ 営業部門責任者の発言は製造部門と営業部門の連携不足を如実に物語るものであり、製販一体の協力体制の確立がまず必要不可欠であることを示しています。

事例2　B社現法幹部との面接

❶B社現法の現状

当社の海外生産現法は設立4期目を迎えていましたが、コスト競争力の不足に

よって相変わらず営業段階での赤字が続いていました。

しかし、現法の責任者は、現法が国内工場以上の生産規模と設備を備えており、稼働率も高まってきていることに加え、原材料の現地調達が可能となったことを理由として現地生産の効果を高く評価していました。

❷ B社現法の分析手順

上記のとおり、稼働率がアップし原材料の現地調達が進めば当然大幅なコストダウンが図れているはずであり、営業損失が続いている原因について数字的検証が必要です。

このため、まず「稼働率」および「購入材料コスト」についてのデータを要請し、実態を確認する必要があります。

その結果、現法の説明どおりであったならば、さらに踏み込んでなぜ営業赤字から脱却できないのかについて「原価構造の分析」をすることになります。

このようなケースにおいては、「当初の設備投資自体が不合理」なものであったり、現地ローカルとの競合によって「受注価格が著しく低下」し採算ラインに達していないなど、海外事業の根幹にかかわる問題が見つかることがあります。

そのような場合には、現場段階でどんなに改善を行っても根本的解決にはつながらないため、経営トップの戦略的判断（設備投資や受注先の抜本的変更等）など、分析の焦点を変更する必要があります。

事例3　海外生産移管と連結損益の計算

C社	T1期	T2期	T3期
国内工場の営業損益	▲6	▲201	▲119
（従業員数）	(265)	(238)	(172)
海外現法の営業損益	▲536	▲335	▲119
（従業員数）	(1,777)	(1,877)	(1,906)
連結営業利益	▲542	▲536	▲238

上記C社は国内工場から海外現法への生産移管を急速に進めており、その結果、連結損益は大きく改善されています。

しかし、なお黒字転換には至っておらず、当該生産移管によってもともと不合理な水準にあった現法の生産体制（固定費）が多少緩和されたことによって赤字幅が縮小したに過ぎないとみられます。

このため、本海外現法が黒字転換するためには、さらに大幅な売上増加が必要であり、当該現法がコストなどの競争力を身につけ、新たな受注を獲得することが必要です。しかし、上記現法がなお営業段階の赤字から抜け出せていない状態を見る限り、同現法は未だ競争力のある生産水準に達しておらず、現法が独自に受注を獲得する能力はないとみられます。

　このため、本海外現法の当面の業績は、「国内工場からの生産移管」次第であり、その見通しが実態把握のポイントになります。

　また、「現法の生産能力の限界」が当該生産移管を規定する制約条件になるため、長期的観点においては、その制約条件（限界）の見極めがポイントになります。

❷ 海外現法の財務諸表分析

　海外現法の財務諸表分析において注意すべきことは、前述（143ページ❶）したように、まず資料の信憑性を確認することであり、次いで、必要な資料が入手できないケースが多いため、限られたデータをうまく活用して効果的な調査を行うよう工夫することです。

　なお、販売拠点については、基本的に安く仕入れ、高く売る（売差）商売であるため、売上が増加し利益が計上されていれば、あとは、在庫および売上債権の不合理な増加や回収可能性の調査がポイントになります。

　しかし、生産拠点については、「C社全体の製造体制の中において求められる役割」によって評価すべきポイントが異なり、また、「生産効率」や「ワーカーの管理」など通常の財務諸表分析だけでは対応できない部分もあります。

　さらに、親子間の取引がまったくない独立生産法人を除き、現法の採算状況については「仕切り価格」によって意図的に操作されているケースが多いため、一律に判断できないことが少なくありません。

❶売上総利益率の水準

　生産現法の利益率が極めて低い場合は、「稼働率の低さ」（製造能力に比べた受注量の不足）とともに「受注単価」についても確認する必要があります。

　その場合の手順は、まず「主要得意先の受注状況」についての資料を検証し、次いで、ウエイトの高い受注について付加価値や加工内容などを確認することになります。

❷在庫量の妥当性や変動

- **実地調査の必要性**

　分析方法や活用資料は基本的に国内と同じですが、数字の信頼性が低いケースがあり、疑問がある場合は自ら現地の実地調査を行う必要があります。

　レアケースとは思いますが、実地棚卸の数字が記載されているにもかかわらず、現地に行ってみると製品がなくなっていたことがありました

- **総合的確認調査の重要性**

　業績については連結財務諸表によって判断すべきことを144ページ❸で説明しましたが、在庫についても同じことであり、実態把握において分析すべきは、「日本本社および海外現法を合算した在庫の推移」であり「トータルな商品管理体制」です。

❸原材料比率（特にアジア地域における生産現法）

　総原価に占める材料費（場合によって外注費も含む）の比率が極端に高い場合は、比較的付加価値の低い生産（受注）を行っているケースがあります。

　その場合、現地生産のワーカーの賃金がいかに安価であるといっても、一時的にはともかく長期的に（現地ローカルと競合し）安定した利益を確保することは困難なケースがあります。

　この原因としては、原材料の調達方法に問題がある場合と、受注内容自体に根本的問題を抱えているケースがあり、以下①〜③などの可能性を調査する必要があります（最近は少ないと思われますが、かつて大手メーカーに追随して東南アジアに進出した下請け企業にこのパターンが比較的多くみられました）。

① 原材料の調達方法の問題
② 比較的付加価値の低い受注が主体となっている可能性
③ 生産現法の合理化・コストダウン余地が少なく、業績改善の見込みが少ないこと

　なお、海外現法のコスト構造において、原価に占める材料費（場合によって外注費含む）の割合が極端に高い場合（付加価値の低い生産を行っているケース）は、現地ローカルメーカーと競合する中で将来的に安定した利益を確保していくことが困難になる可能性が高いため、当該海外現法の「競争力の源」や「差別化戦略」について慎重に調査する必要があります。

　この結果、たとえば、受注の主流が上記②のような低付加価値の加工であった場合は、将来的に現地ローカルメーカーと競合になり、受注単価が今後急速に低下していく可能性があります。

その場合、当該海外現法の存続についての判断は、現状の主要受注先あるいは受注内容自体を変更（レベルアップ）する能力の有無となり、それが現法に見出だせない場合は、当該現法について長期的本質的な採算改善は困難と結論すべきであり、現法の存続についての見極めが必要になります。

事例4　現法が付加価値の低い受注を行っているケース

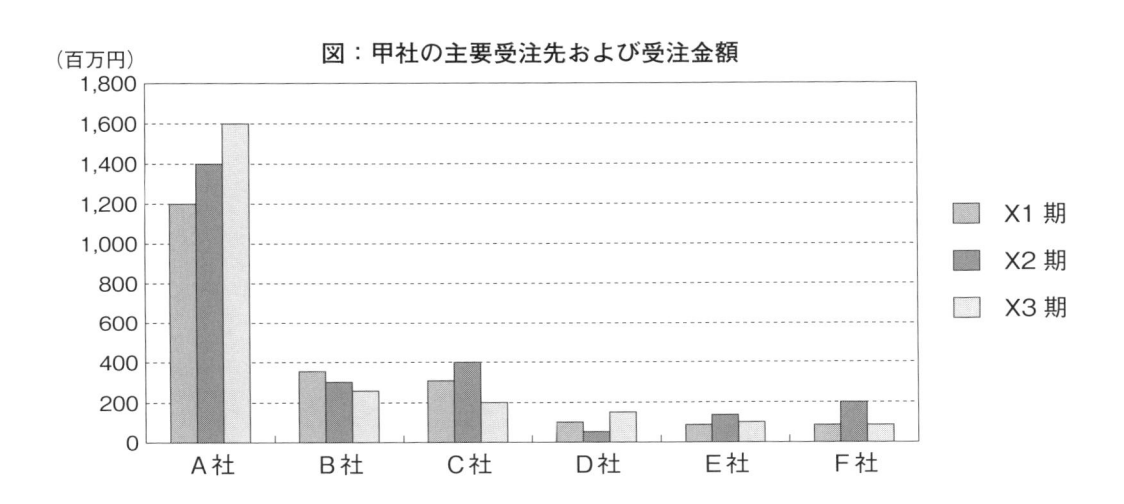

図：甲社の主要受注先および受注金額

甲社は、図のようにA社からの受注が圧倒的ウエイトを占めており、調査の結果、当該受注の付加価値は著しく低いことがわかりました。

しかし、現状では、当該低付加価値の受注が製造ラインにおいて稼働率維持のため欠かせない存在となっており、いくら採算が悪いといってもA社からの受注を取り止めることは不可能でした。

このような場合、仮に、当該現法に優秀な技術があったとしても、製造ラインに付加価値の高い受注を新たに取り込む余地（生産余力）がなければ、恒常的な赤字体質からの脱却は困難になります。

特に、付加価値の高い受注は短納期や高加工精度などが要求されることが多いため、製造ラインに十分な余力がなければ、試作を受けることすら困難です。当社の事例はまさに「稼働率維持」と「低付加価値受注からの脱却」という深刻なジレンマを抱えた海外現法の典型的ケースといえます。

❸ 海外現法の製造体制および生産管理面の検討

　海外現法の調査を行う場合は、「現法から得られるデータ」や「海外生産拠点の位置づけ・立ち上げ段階」などによってさまざまなポイントがありますが、心がけるべきは、「現法の生産効率」（製造拠点としての能力）の分析であり、それに基づいてコスト・技術など「競争力の本質に基づいた判断」をすることです。

　また、「コストダウンの実績」が確認できても、それが「単純な生産規模の拡大」によるものか、「生産効率の向上」を伴った成果かの確認も重要です。

　では、海外生産現法については、「何をもって生産効率を評価・判断すればよいか」ということですが、これについては、財務資料のみによって生産性の向上を判断することは困難であり、事例5のように現法から得られる資料によってケースバイケースでデータを加工し、評価方法を工夫することになります。

❶生産余力確認の必要性

　生産現法の「操業度」および「生産余力」の確認は、当該拠点の業績やキャッシュフローを長期的観点において予想・計画する場合、非常に重要です。

　たとえば、すでに高稼働率となっており増産余力がない場合は、需要があっても製造能力の制約によって短期的な業績アップは困難になります。

　こうした場合、改善（現状打破）のためには、新たな追加投資が必要になりますが、生産現法の競争力が弱い場合には、それが際限のない資金流出となり、当該資金の不良化につながる恐れがあります。

❷生産効率向上の確認方法

　前記事例3のC社のように日本国内から海外現法への生産移管によって現法の生産規模が拡大している場合は、一般的にコスト逓減の法則がはたらき単位当たりの製造コストが下がるため、現法の損益は通常改善することになりますが、それが単に生産規模拡大のみによるものか、生産効率の向上をも伴った成果かの確認は非常に重要です。

　しかし、財務資料の分析だけで生産性の向上を判断することは極めて困難であるため、取引先個々にデータを加工し調査・分析することになります。

❸現法スタッフ育成の重要性

　海外現法が一本立ちできない原因の一つに、人材不足があります。特に、技術者や管理者の不足によってなかなか現法が一本立ちできないケースが見受けられます。

このため、現地スタッフを日本に集め研修を行っている企業が多数ありますが、思ったように成果があがらず、日本本社から出向している管理者あるいは技術者を現地スタッフに代替できずに苦慮しているケースに頻繁に遭遇します。

こうした現地スタッフの育成・活用は海外進出を成功させるうえにおいて極めて重要であり、人材育成のノウハウに欠ける場合、現法の管理統制をいつまでも日本人出向者に頼らざるを得ないことによって、現法設立のメリットを生かせないケースがあります。

特に、地方の中小企業は相対的に人的資源が十分ではないため、現法を設立し拠点を分散したことによって、しばしば技術者不足に見舞われ運営に支障を来たしているケースもあります。

事例5 労務比率の推移に基づいた効率評価

図：月次労務費推移

上記グラフは、K精密工業の海外現法L工場についてY1年1月からY2年11月までの間の売上高とワーカー労務費の関係を表したグラフです。

上記グラフからL工場のワーカー労務費の推移をみると、売上高に応じた弾力的対応がみられず、労働集約的事業の労務費のオペレーションとしては問題があると思われます。

また、ワーカーの労務費率は、習熟・合理化によって徐々に低減していくことが望ましいわけですが、グラフの後半は趨勢としてむしろアップしています（労働生産性の低迷・頭打ち）。

これは、L工場が労務管理に根本的問題を抱えているか、あるいは、労働生産性を上回るペースでL工場の製品単価のダウンが進行しているか（コスト競争力

低下）のいずれかと考えられます[注1]。

> (注1)：**労務比率が不合理にアップしている場合の確認ポイント**
> ① 労務管理に問題を抱えている可能性（労働生産性の低迷・頭打ち）
> ② 労働生産性を上回るペースで単価ダウンが進行している可能性（コスト競争力不足）

❹ 親子間の債権債務・資金決済の分析

　海外現法の商取引を本社経由で行っている企業や、本社と海外現法との取引金額が多額にのぼる企業の場合、現法の売上高や利益が親子間の取引条件の変更や決算処理などによって調整されているケースが頻繁にあります。

　しかし、これはグローバルな企業戦略が絡む問題であり、コンプライアンスに抵触しない限り、金融機関の実態把握分析において事の良否を考慮する必要はないでしょう。

　ただし、事の良否とは別に、取引金融機関として、現法の事業実態を正しく理解するという観点からは、こうした親子間の取引調整が障害になることは間違いなく、「本社と現法間の資金決済状況」あるいは「キャッシュフローの推移」などによって、現法の事業実態を厳格に分析する必要があります。

　たとえば、現法の事業が競争力に劣るなど根本的問題を抱えている場合は、本社からの資金支援状況に必ずその兆候が表れるものです。

3. 建設業の実態把握

❶ 建設業の事業環境の変化と実態把握のポイント

　建設業界は、依然として出口の見えない建設不況の中にあります。このため、金融機関としては、引き続き建設業界の動向に細心の注意を払い、厳格な実態把握と慎重な見極めを行う必要があります。

❶中堅建設業者決算の実態修正事例

　昨年、地域の中堅建設業の決算書を数社分析する機会があり、実施した結果、企業が作成した公表財務諸表と金融機関の視点から資産性に乏しい科目を修正して作成した実態財務諸表との間には相当の乖離がありました。

　下図は乖離額が特に大きく、かつ典型的であった中堅建設業者の主要科目の累計と、金融機関の視点による実態修正金額をグラフ化したものです（いずれも地域ナンバー１・ナンバー２の業者で、総資産規模30億円程度以上）。

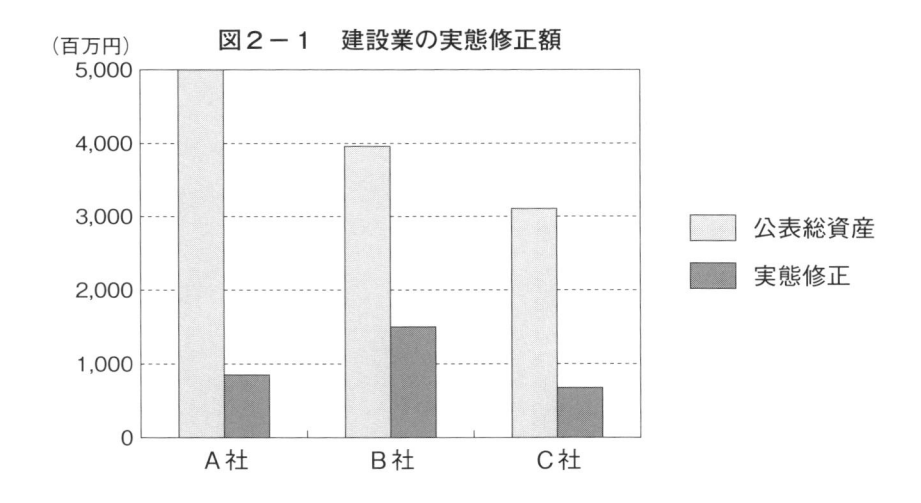

図2-1　建設業の実態修正額

❷主要科目の実態修正金額とその要因

　上記3社の実態修正金額を勘定科目別にグラフ化したものが、次ページ図2-2です。

その結果、実態修正金額の大半は売掛金（完成工事未収金）、商品土地、未成工事支出金の3勘定で占められており、特に「未成工事支出金」については、その大半が意図的な経理操作に基づくもの（粉飾あるいはそれに準じた内容）でした。

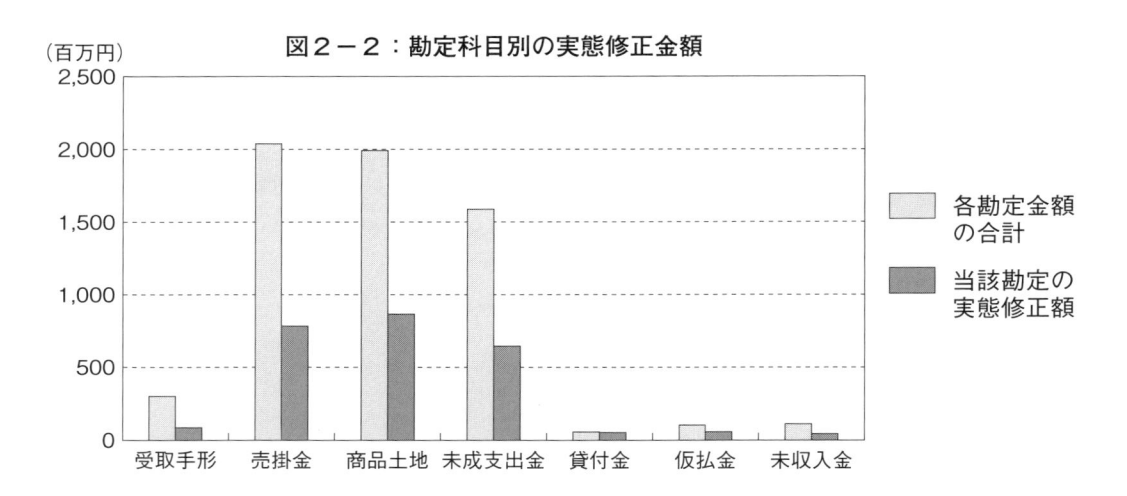

図2－2：勘定科目別の実態修正金額

（百万円）　凡例：各勘定金額の合計／当該勘定の実態修正額

横軸：受取手形、売掛金、商品土地、未成支出金、貸付金、仮払金、未収入金

　つまり、「未成工事支出金」こそが、建設業の実態把握において最もポイントとなる科目であり、経理処理に疑問がある業者に対しては、当該勘定に焦点を絞った調査・分析が必要であり、担当者の力量が問われる部分になるということです。
　また、別の言い方をすると、グレーな業者ほど「未成工事支出金」に焦点を絞った調査を嫌がるものであり、取引先にグレーな先がある場合は未成工事支出金に焦点を絞った調査を行うことが効果的であるということです。
　突きつめると、建設業者の実態把握は、工事関係勘定の健全性に尽きるといえ、たとえ、取引先企業が公表決算において債務超過に陥っていたとしても、工事関係勘定が健全であれば、当該企業について再生の道を探る努力を行う意味があります。しかし逆に、純資産が相当残っていたとしても、この勘定が不健全であれば、遠からず行き詰まることは確実であり、実態純資産に余力があるうちに、工事関係科目をきれいなものにする（健全化する）ことが、取引金融機関（特にメイン行）に課せられた大きな役割であるということです。

❷ 建設業経営の変遷

❶高度成長期

かつての高度成長期は、受注さえあれば、ほとんどは利益を出すことができました（バブル的発注であり、コスト管理などしなくても儲かった）。このため、（極論をいえば）受注目標を決め、できるだけ多くの受注を獲得することだけに全力を挙げていればよかったのです。

つまりこの時期は、受注の大小が企業の利益に直結しており、受注する力や完成工事高の規模が企業の評価に直結していた時代でした（受注至上主義）。

❷バブル崩壊後の競争激化期

バブル経済が崩壊し、企業間の競争が激化するようになると工事利益にも格差が生じ、どんな受注でも儲かるというわけにはいかなくなってきました。

このため、受注⇒利益とはならなくなり、競合先に打ち勝ち利益を拡大するためには、受注の良し悪しを判断する必要が生じ、粗利水準など一定の基準を決めて受注する傾向が出てきました。☞受注管理・粗利管理の重要性＝営業部長の力量（受注の見極め）、工事部長の原価管理能力などが重要に。

❸公共工事の激減と建築単価下落の建設不況期

ここ数年は、公共工事の激減、設計単価の下落、ダンピングの横行などによって、赤字工事が珍しくなくなり、資金面で自転車操業を余儀なくされている業者も少なくありません。

このような時期において、建設業者が生き残るためには、いかにして最終利益ないしフリーキャッシュフローを確保できるかどうかが死活問題となります（赤字工事が一つ二つあっても仕方ない状況）。

そしてそのためには、粗利ではなく「限界利益分析によって、案件ごとに徹底的した採算管理」を行うことが必要であり、それに加え、トップの強力な指導力によって抜本的な「固定費削減」を断行する力も重要になっています。☞経営トップの決断と力量による限界利益および固定費の管理が重要。

❸ 金融機関の実態把握（目利き）ポイントの変遷

❶高度成長期

受注の大小が企業の利益に直結した高度成長期の事業環境においては、受注目

標を右肩上がりに設定し、それだけに全力を上げていればすみました。つまり、「今期の受注目標はいくら」で「受注実績はどうだったか」、そして「受注のうちいくらを完工高（売上）として上げ」「どのくらいを来期に繰り越すか」がすべてでした。

このため、「受注管理表」や「受注残リスト」が重視されていたのです。金融機関の分析ポイントも当然「受注状況」であり、「受注管理表」や「受注残リスト」を確認し、現状の受注見通しや現在抱えている受注残によって、今後の業績推移（完成工事高）を推計・評価していました。

〈受注管理表の例〉

受注管理表のレイアウトは会社によってさまざまであり、摘要欄を設けて活動内容・交渉経緯・受注見込みなどを記入している先もあります。

受注管理表の例　　　　　　　　X1年8.31現在

案件名	予定額	担当	ランク	予定	4月	5月	6月	7月	8月	9月
松本邸新築	29,000	山越	B	5月		済				
山田屋工場改修	42,000	須坂	A	5月	済					
長野中学新築	67,500	須坂	A	6月			済			
上田精密改修	31,500	須坂	B	7月					済	
飯田屋店舗改築	45,000	山越	C	7月				×		
壽工業社屋新築	227,000	飯山	A	8月						
伊那高校床修理	7,800	山越	C	9月						
小諸邸新築	32,000	飯山	B	9月						

取引建設業の分析においては、この資料によって、「今後の受注見通し」を中心として、「受注管理のレベル」「担当者の力量」「営業における幹部の関与」などを主体に、営業上の特徴や体制、営業力の強弱などを分析評価していました。

〈受注残リストの例〉

このリストは、作成基準日現在、未着工工事をどれだけ抱えているかを示すものであり、今後の完成工事高の予定や計画を立てる際の材料となります。

そのレイアウトも会社によってさまざまですが、受注額に加え原価見積額も併記するなどして活用している会社もあります。

受注残リストの例　　　　　　X1年8.31現在

案件名	場所	着工日	受注額	設計	施工	前受他	担当
長野精工新築	津	X1.8	21,000	長野一級設計	清水ＪＶ		
上田邸改修	上田	X1.9	23,000	上田設計	別所組		
飯田工業工場改築	飯田	X1.9	126,000	飯田コンサルタンツ	森田ＪＶ		
佐久興行社屋新築	佐久	X1.10	200,000	長野一級設計	岩村興業		
伊那大学体育館修理	伊那	X2.3	6,000	山越建築設計	箕輪建設		
小諸販売店舗新築	小諸	X2.3	13,000	長野一級設計	小諸組		
合　計							

　金融機関の審査においては、「受注管理表」や「受注残リスト」などによって今後の受注金額や完成工事高を推計するほか、キャッシュフローを予測する場合の資料として活用しているところもあります。

❷バブル崩壊後の競争激化期（業者間競争の激化）

　業者間競争が激化し利益率が急激に低下してくると、受注イコール利益ではなくなってきました。この段階において他社との競争に打ち勝つためには、やみくもに受注に走るのではなく、一定の粗利を目安（目標）として工事を受注することが必要になってきました。

　そこでポイントとなるのは、「受注の基準としての粗利益率」であり、「実行予算による粗利管理」でした。前者は、「受注」から「現場施工」に至るすべての段階・作業において「目標」になるものであり「基準」です。また、後者は、前者を達成するための管理手法（ツール）です。つまり、どんな工事でも利益が出せた（発注単価が高く利幅が大きかった）時代は、ただ単に工事を受注さえすればよく、実行予算による管理などはそれほど必要なかったわけです。

　しかし、利益率の低下によってコスト管理が必要になると、利益目標を管理するためのツールが必要になり、その一つが「実行予算」であったということです。

　以上、このようにして、金融機関の目利きポイントも「受注基準としての粗利」や「原価管理の仕組み」に重点が移っていったわけです。

❸現在の建設不況時（公共工事激減と建築単価下落）

　公共工事の激減、設計単価の下落、ダンピングの横行など、建設業にとっては以前にも増して厳しい時代になり、赤字工事が珍しくなく、自転車操業を余儀なくされている業者も決して少なくありません。

このような時代において建設業が生き残るためには、案件ごとの徹底した採算管理が必要であり、いかに最終利益ないしはキャッシュフローを確保するかが死活問題となります。

　なぜなら、すべてが非常に厳しい採算であり赤字工事も多分に想定されるなかで、受注案件の単価に大きなバラツキがあるため、受注目標などを掲げて営業すれば、赤字工事を大量に抱え込むことになりかねません。また、粗利目標を決めたくても粗利段階でマイナスになる工事も珍しくない状況においては、粗利率を受注の基準として設定することも現実的ではありません。

　こうした事業環境下において、管理基準として活用すべきは、「会社を維持するうえで必要不可欠な固定費」を賄うに足る「限界利益」であり、限界利益こそが管理すべき数字となるのです。

事例1　限界利益による分析事例(1)

　A社は地域を代表する老舗の建設会社であり、次ページはA社の「変動損益計算書」（工事原価および一般管販費を変動費と固定費に分けて計上した表）です。

　地域の大手元請業者には、このような外注費主体の原価構造（受注額から一定のマージン（A社の場合、2割程度）を抜いて下請外注に渡すパターン）になっている業者が相当多く存在します。

　☞金融機関の実態把握においては、分析対象建設業者の「外注コストの管理能力」が着目すべきポイントになります。

問題　A社の変動損益計算書をみて、どのようなことを感じますか？　担当者になったつもりで、ポイントと思われる事項を箇条書きにして書き上げてみてください。

A社：変動損益計算書　　　　　（単位：百万円）

	X1期		X2期		X3期		X4期	
工事売上高	1,466	(％)	1,351	(％)	1,157	(％)	1,253	(％)
変動原価	1,308	89.2	1,158	85.7	1,003	86.7	1,080	86.2
材料費	160	10.9	97	7.2	44	3.8	61	4.9
外注費	1,173	80.0	1,096	81.1	869	75.1	1,055	84.2
±仕掛原価	－25		－35		90		－36	
限界利益①	**158**	**10.8**	**193**	**14.3**	**154**	**13.3**	**173**	**13.8**
固定費②	199		190		184		176	
（人件費）	112	1.4	110	1.8	103	1.5	101	1.7
工事損益	**－41**		**3**		**－30**		**－3**	
その他売上高	66		8		35		10	
営業損益	**25**		**11**		**5**		**7**	
現預金残高	**303**	**18.2**	**199**	**12.6**	**90**	**5.9**	**40**	**2.7**

（注）人件費の右隣りの数字は、いわゆる労務費の生産性指数（＝限界利益÷人件費）

【ヒント】　① 営業損益 ＝全期間、営業利益計上　☞その他売上高によって本業の実状が曖昧になっている。

② 工事損益 ＝赤字基調　☞固定費を賄うに足る「限界利益」が稼ぎ出せていない。

③ 外注管理体制（能力） の如何が限界利益を制約する　☞同管理能力に焦点を当てた分析が重要であり、その結果が支援（生き残り）の鍵になる。

④ 固定費 は人件費中心に圧縮努力がみえる　☞削減の合理性（内容）を検証することも重要。

⑤ 現預金残高 の激減＝資金繰り逼迫　☞固定費の2.7カ月分－余裕のない状態です。

WORK SHEET

A社変動損益計算書による実態把握

【解答例】
1. X4期、売上がわずかに増加しただけなのに外注費率が急上昇しています。
   - 人件費削減によって当社の施工能力が弱体化した可能性が懸念されます。
   - 固定費削減の内容を厳格にチェックすべきです。
   - 不合理な一律削減が行われていたり、施工の柱となる重要な部分が弱体化している懸念があります。
2. 外注費の統制力に懸念があります。
   - 仮にそのとおりであったとすれば、本業の収益力の根本的弱体が懸念されます。
   - 今後、仮に売上が増加したとしても外注費（社外）に多額のコストが流出してしまい、利益が残らなくなる懸念があります。
3. 何カ月分の固定費を支払うキャッシュがあるかが事業継続の鍵になります。
   A社の場合は3カ月分を切っており、余力に乏しい資金状態といえます。銀行の融資姿勢次第ですが、抜本的改革が必要な段階にあります。

事例2 限界利益による分析事例(2)

　　B社も地域を代表する建設会社です。皆さんはB社の変動損益計算書をどう見ますか？　前問同様、担当者になったつもりで実態把握ポイントを書き上げてみましょう。

B社変動損益計算書　　　　　（単位：百万円）

	Y1期		Y2期		Y3期		Y4期	
工事売上高	1,319	(％)	910	(％)	519	(％)	779	(％)
変動原価	1,091	82.7	910	100	375	72.3	618	79.3
材料費	108	8.2	282	31.0	50	9.6	51	6.5
外注費	1,032	78.2	607	66.7	324	62.4	625	80.2
±仕掛原価	−49		21					
限界利益①	**228**	**17.2**	**0**	**0**	**144**	**27.7**	**161**	**20.7**
固定費②	256		217		131		127	
（人件費）	116	2.0	119	−	75	1.9	64	2.5
工事損益	−28		−217		13		34	
その他売上高	1		−28		−26		−21	
営業損益	**−27**		**−245**		**−13**		**13**	
現預金残高	377	17.7	17	1.0	15	1.3	7	0.7

【ヒント】① 営業損益 Y1期～Y3期まで３期連続赤字でしたが、Y4期黒字回復。

② 工事損益 Y3期に黒字転換＝原因は「限界利益率の向上」と「固定費の削減」。

③ 限界利益を人件費で割った労務費の生産性指数は、Y4期は2.5まで上がり、黒字企業の水準に達しています。黒字体質の確立は「限界利益」または「変動原価の管理能力」次第であり、金融機関の実態把握においては、その見極めが重要になります。

WORK SHEET

B社変動損益計算書による実態把握

解答例　たしかに「固定費(人件費)の半減」と「限界利益率の20％台へのアップ」は目を見張る成果ですが、A社同様、Y4期の売上増加により外注費が急増しています。

　　☞このことは、自社工事部門を必要以上に縮小させてしまった懸念があります(施工力不足、外注管理不足)。

　　☞その結果、Y4期を見ると「売上増・営業黒字転換」と大きく改善したように見えていますが、「外注費率の急上昇」に表れているとおり、事業実態はむしろ自社施工能力の弱体により、余力がなくなってリスクが高まったとも考えられます。リスク拡大の最大の証は「現預金残高」の減少で、固定費の1カ月分を割り込み危機的状況に達しています(「月固定費対現預金比率」は3カ月が目安)。

ポイント1 現状の建築不況下において中小建設業者が利益体質を維持する仕組み

　　☞金融機関が中小建設業者の事業体制を評価する際のポイント

① **営業体制＝受注判断(厳しい工事採算における受注判断)**

　　まず限界利益率のアップに努めるとともに、固定費を徹底的にスリム化(含アウトソーシングなどによる変動費化)し、必要最低限の固定費を上回る限界利益を稼ぎ出すことに全力をあげること。

　　そのうえで、限界利益が出せる工事ならば積極的に受注し、固定費回収に向けます。限界利益がマイナスの工事は、絶対受注しないよう徹底します。

　　ただし、限界利益率を受注判断の目安にするためには、しっかりした「原価管理の仕組みと能力」が大前提になります。

　　資金繰りに窮すると「前受金欲しさ」にどんな工事でも受注したくなりますが、それは絶対行ってはいけないことです。

② **現場・管理体制－コスト管理体制の重要性**

　　上記により受注した工事を、キチンと予定したとおりの利益に結びつけるためには、「現場のコスト管理能力(体制)」が不可欠です。

　　いくら計算上利益が出せる工事を受注していたとしても、現場のコスト管理能力が劣っていては、元来、利幅が薄いだけに利益を残すことはできません。ここで必要になるものが「現場責任者の能力」であり、「日々のコスト管理体制」です。

ポイント2 取引先建設業者の支援の可否を判断する際のポイント

① **財務実態の把握**⇨どのくらい痛んでいるか・どの程度企業体力が残っているか。　☞財務体力によって、支援のためにとり得る対策が異なってきます。

② 金融機関が支援するに足る業者か否か⇨決算書や請負工事報告書をはじめとする情報開示が良好で金融機関と信頼関係を築くことができ、金融支援が有効に機能する先かどうか。
③ 長期的に利益（キャッシュフロー）を計上できる業者かどうか⇨個別工事の原価管理・進捗管理がきちんと行われ、長期的に事業継続に必要な利益を確保できているか。

ポイント3 建設業者の悩み　☞引当工事と前受金の呪縛

① 借入のため金融機関に提示する引当工事の必要性

　建設業者が金融機関に短期借入を申し込む場合、一般的に引当にする工事を指定し、その入金予定に基づいて借入金額と融資期間を決めています。

　このため、建設業者は、当座の資金が必要なときや借り換えの時期になると、引当工事として金融機関に示す工事が形だけでも必要になります。

② 資金繰りをつなぐための工事前受金

　資金繰りに苦慮する建設業者の中には、工事前受金によって資金繰りをつないでいる業者があります。このような場合、当該業者は前受金欲しさに、採算を度外視した受注獲得に走る傾向があり、その結果（当然の帰結として）自転車操業に陥り、さらなる資金繰りの悪化と業績低下に苦しむことになります。

＊上記、①②いずれの場合においても、資金繰りに苦慮する建設業者は、（目先の資金繰りのため、採算を度外視して、あるいは、採算がよくないとわかっていても、「借入のための引当工事」や「支払いにあてるための前受金」欲しさに）、やみくもに工事契約を取りにいく傾向があります。また、この弊害として、当該地域においては、不合理かつ無益・無秩序な受注獲得競争が続き、地域建設業者の体力消耗に拍車をかける状態に陥っています。

　現在、多くの建設業者が、受注単価の低下と一部資材コストの上昇によって、根本的・本質的な資金不足に陥っており、従来の原則的方法による必要資金算定や融資対応が当てはまらないケースが生じています。

　たとえば、上記①において、短期の借入金をその都度、工事ごとにキチンと清算していれば、資金の調達と回収・返済が一連の流れの中で完結するはずです。

　引当にした工事が竣工し請負金額を回収すれば、その回収代金によって金融機関から調達した工事引当借入を返済し、一件完結となるはずですが、現実には、根本的・本質的な資金不足によって、当該工事引当借入を返済する資金は赤字工事によって食いつぶされ（赤字資金を工事引当で調達しているケースもあり）、

実態は返済資金に事欠く状態になっているため、返済とほぼ同時に次の工事を引当に借入を申し込まざるを得ない状態になっているのです（工事引当借入のころがし）。

事実、建設業者の多くが、工事案件ごとの個別資金管理は行っておらず、（根本的な赤字体質・資金不足の下において）各工事支払いのやりくりをドンブリ勘定的に行っているのが実態です（工事ごとの予算立てと支払いチェック・予算管理を行っている業者の方が少数）。

実態において、建設業者の多くは対金融機関向けに形式的に工事引当を示しているに過ぎず、金融機関における「工事引当による短期融資」は、建設業者の恒常的な赤字体質・資金不足の下において、実質的に形骸化しているケースが多いのです。

多くの建設業者にとって、工事引当による短期借入の実態は恒常的な赤字資金の穴埋めであり、工事引当は建前に過ぎないケースが少なくありません。

ポイント4 引当工事と前受金目当ての受注を続ける業者の実態

資金繰り難にある建設業者は、「資金繰りをつけるための借入金」や「工事前受金欲しさ」に、自転車操業的に不採算の受注を繰り返しています。

しかも、その際、多くの業者は「実行予算管理」や「工事進捗チェック」など、現状において利益体質を維持するために必要不可欠な事項についての分析や改善を行うことなく、資金繰り面だけに汲々としており、発注先との交渉も形式的になっています。

また、こうした理由によって苦し紛れに受注した工事は、えてして採算上問題ある（赤字）工事であることが多く、資金ショート寸前になってあわてふためくケースが多いのです。

④ 貸出先建設業者の実態バランス作成

１ 実態バランスは審査の出発点

財務面の実態把握は企業審査の出発点であり、貸出稟議書の土台になることはいうまでもありません。とりわけ、建設業者は財務的に疲弊している先が多いため、まず、財務実態の把握を徹底して行う必要があります。

具体的には、決算書、同付属明細書」に加え、請負工事状況報告書などによって「立替工事高 [注1]」の規模や「請負契約額の出来高に対する未成工事支出金残

高の金額的整合性」「工事利益率の推移（時系列分析）」「取下率（注2）の推移」「決算前後の勘定処理の合理性」などを分析することになります。

また、その過程で借入金額の妥当性を検証したり、資産性に乏しい勘定についての原因分析（資産性が認められない要因、その発生原因）と改善可能性の検討などを行います。

ただし、請負工事状況報告書については、必ずしも正確に作成されていないケースが多く（意図的な虚偽記載のほか、大手業者については工事件数が多いため、請負工事状況報告書には一部分しか記載していないケースが多い）、上記資料だけでは十分な分析ができないことがあります。

このため、現実には上記資料の分析に加え、工事台帳や実行予算書による分析が必要であり、重要な先については何らかの形で定期的に実施することをお勧めします。

建設業の売上は個々の工事請負契約に基づいた単体工事の合計といえるため、疑義のある工事を抜き出し調査することによって、問題点の多くを発見することは比較的容易であり、この点において、工事台帳の調査は効果が高く決め手になります。裏を返せば、意図的な経理操作によって金融機関との信頼関係を損なう処理を行っている業者は、上記手法による調査を非常に恐れており、これを要請されたことによって（きっかけとして）、経理操作を自ら告白した事例が少なからずありました。

❷実態バランス作成の目的

厳しい事業環境にある「建設業者の格付」を厳格に行い、リスク管理や監督官庁の検査に備えることもその一つでしょうが、金融機関が第一に考えるべきは、どうすれば取引先建設業者の経営の安定や発展に役立つことができるかという観点です。

より具体的には「取引先企業の経営に不足しているもの、改善すべきポイントは何か」「金融機関には何が求められているか」など、実態バランスを作成する過程において探求・検討することが大切です。

また、建設業の実態把握における最大のポイントが「未成工事支出金」であり、その分析過程において、取引先個々の傷み具合を把握し、必要な管理レベルを決定することも付随的な目的です（例：勘定処理が正しく業況も堅調な業者に対しては決算書類の分析だけで済ませ、業況が深刻な業者については、「工事台帳」や「実行予算表」など内部管理資料にまで踏み込んだ分析を行うなど）。

❸金融支援の検討とスケジュール化

　財務実態を踏まえたうえで、営業力や施工能力等、建設業としての事業上の競争力を評価し、長期的に勝ち残る（競争力向上）ためには何が必要か、具体策の検討とスケジュール化を行うことになります。

　その際、換金可能な遊休資産や役員資産の投入等により創出できるキャッシュフローを予測し、「競争力強化（再建）のために確保できる時間」を概算して「採り得る対策」を選択します。

　これは、確保できる時間によって、採用できる方策が決まってくる（制約される）ためです（例：黒字転換が即刻必要な場合は、経費および人員の削減等、時間的余裕がある場合は、管理体制の構築、採算管理・原価管理の仕組みづくりにも手をつけるなど）。一方、残された時間の中で実行できる対策だけでは再建が難しいと判断される場合は、可能な限り無難な撤退の道を探ることになります。

❹事業についての見極め

　事業についての見極めは、「取引先建設業者の事業上の課題は何か」「課題を改善するためにはどうすればよいか」「取引先建設業者の経営安定と業績向上のためには何をするべきか」などを事業面から確認することです。

　また、その前提として「そもそも対象業者には生き残る力があるのか、地域貢献することができる企業なのか」という分析・検討も大切です。

　金融機関の建設業融資に対する姿勢は、取引建設業者の事業調査（デューデリジェンス）をしっかり行い、競争力があり、長期的に存続することが可能であり、雇用を含め地域に貢献する能力がある業者を正しく見極めることです。

　あわせて、融資担当者が、こうした事業実態を正しく把握するとの強い意識を持つことは、金融機関職員全体の企業を見る目（目利き力）を高めることにつながり、「人材の育成」に加え「本業にかかわるノウハウの蓄積」という面において極めて有効・有意義です。

　　（注1）立替工事高＝完成工事未収金＋受取手形（含割引手形、裏書手形）＋未成工事支
　　　　　出金－未成工事受入金

　　　　建設業者の資金繰りは、上記算式によって表される「立替工事高」の多寡（推移）を分析することによって把握します。

　　　　具体的には、「立替工事高」の「年間工事高」に対する割合、すなわち「立替工事比率」を時系列で分析します。もちろん、資金繰り的には、この比率は低い方がよいわけですが、受注工事の内容や受注先によって大きく相違するため、他社と比較するよりも、分析企業の比率（水準）を時系列で分析することが中心になります。

　　　　その結果、この比率が上昇傾向にある場合は、それだけ資金負担が重くなっている

ことを意味していますので、原因を慎重に調査分析することが必要です。
(注2) 取下率＝未成工事受入金÷未成工事支出金×100

　「取下率」も、各建設業者が主体にしている工事種類によって、また、公共工事が中心か民間工事が主体かによっても、その水準には大きな違いがあります。しかし、企業ごとに受注工事の内容や受注先との関係、支払慣行は大方一定の範囲に収まっているため、時系列の推移を分析し、大きく変動した時点における原因を調査分析することは意義があります。

4．卸・小売業の実態把握

❶ 卸・小売業の事業環境

　かつての高度成長期には、中小の卸・小売業も、需要の拡大を背景としたマーケット全体の成長によって利益を上げ成長してきました。

　しかし、今日、「消費の多様化」や「競争激化」によって、勝ち組と負け組がはっきり分かれるようになってきており、特に後者は後継者不足も相まって今後急速に淘汰が進んでいくとみられます。

　このような環境において中小卸・小売業の生き残りの方向性を考えた場合、商品開発力や仕入コストについては、企業規模の点において全国展開している大規模企業が圧倒的に優位であり、加えて、商品によっては中小の小売店には売れ筋商品が回ってこないケースがあるなど、中小卸・小売業者の不利は数え上げたらきりがありません。

　このため、中小の卸・小売業者が今後生き残っていくためには、大手と異なる特色を明確に打ち出すことが必要になっています。

　しかし、特色を打ち出そうにも、マーケットや自店の状況を正しく把握することができなければそれは不可能であり、また、事業環境に応じた商品管理体制を構築する力がなければ、長期的に生き残っていくことは困難です。

　ここでは、金融機関が厳しい事業環境にある中小卸・小売業者の実態把握を行うために、どのような調査分析を行う必要があるか、事例によって解説していきます。

❷ 卸・小売業の実態把握のポイント

　卸・小売業の分析においても出発点は財務3表の分析であり、「実態財務諸表」の作成によって課題を発見し、その課題をさらに掘り下げて分析していくことです。

その際、金融機関の卸・小売業に対する分析のポイントは、何といっても「売上債権」と「棚卸資産」の資産性の検証です。

事例1 多店舗展開小売業にかかわる戦略上の課題(1)

小売業A商店のキャッシュフロー計算書　　　　（単位：万円）

	X1期	X2期	X3期	X4期	X5期
営業活動CF					
税金等調整前利益	941	312	462	123	△500
減価償却費	1,586	1,560	1,428	1,536	1,310
売上債権の増加額(a)	△53	△60	88	△95	89
棚卸資産の増加額(b)	△676	△1,882	△1,057	1,455	2,301
仕入債務の増加額(c)	△4,833	1,703	878	△1,926	△7,297
役員賞与の支出額	△35	△35	△35	△25	
営業CF計	△3,070	1,598	1,764	1,068	△4,097
投資活動CF					
有価証券の取得支出	△5,469	△280	△249	154	545
有形固定資産の増加	△1,998	△1,103	△1,053	△1,534	35
投資CF計	△7,467	△1,383	△1,302	△1,380	580
フリーキャッシュフロー	△10,537	215	462	△312	△3,517
財務活動CF					
借入金の純増減額	11,714	10,716	4,018	175	△5,059
配当金の支払額	△126	△126	△253	△271	△135
財務CF計	11,588	10,590	3,765	△96	△5,194
現金・同等物の増加額	1,051	10,805	4,227	△408	△8,711
売上高（参考数値）	210,000	220,000	200,000	207,000	195,000

❶キャッシュフロー状況

A商店の「税金等調整前利益＋減価償却費」の金額は、安定した「減価償却費」によって比較的安定した水準を保っていますが、「税金等調整前利益」のウエイトが小さいため金額の成長性という面においては乏しいという特徴があります。

また、A商店のキャッシュフロー計算書は典型的な多店舗展開企業のパターン

を示しています。どこが典型的かというと、新規出店のため、まとまった額の「設備投資（有形固定資産の増加）」と「棚卸資産」の増加がX3期まで続いていることです。

なお、A商店の「税金等調整前利益」は、X4期まで毎期黒字を続けていますが、「フリーキャッシュフロー」は多くの決算期においてマイナスになっており、プラスの期もわずかな金額を計上しているに過ぎず、A商店のフリーキャッシュフローは完全なマイナス基調になっています。

その主な要因は、多店舗展開による「設備投資（有形固定資産の増加）」と、それに伴う「棚卸資産(b)の増加」です。

このため、A商店は、ほぼ毎期金融機関借入による資金調達（財務活動CFの「借入金の純増減額」）を行っており、借入金はX4期まで増加の一途をたどっていました。

しかし、X5期は金融機関からの資金調達が限界になったためか、フリーキャッシュフローがマイナスであるにもかかわらず、調達を上回る返済を行っています（借入金の純減少）。

❷現預金の取崩しは危険信号

「現金・同等物の増減額」欄にあるとおり、A商店はX4期以降、「現預金の取崩し」によって資金不足を賄わざるを得ない状況になっています。

❸設備投資を営業キャッシュフローの範囲内におさめる

現在、A商店が短期的に対応しなければならないことは、資金ショートの防止であり、そのため、当面設備投資を営業キャッシュフローの範囲に収めるなど、資金管理を徹底することが必要です。具体的には「店舗リストラ」に加え「徹底した在庫管理」と「出店政策の根本的見直し」を行うべきです。

❹回転差資金は両刃の剣

資金繰りについては、一般的に小売業では（売上増加している間）回転差資金(注1)が生ずるため、新規出店にあたって当該回転差資金を返済資金として予定しているケースがあります。

しかし、もしその小売業が売上減少局面に陥った場合、回転差資金が逆に作用し急激な資金不足に見舞われることがあります。その際、返済計画にゆとりがないと非常に危険な事態に陥る可能性があるので注意が必要です。

この点において、A商店は毎期、相当額の「設備投資」を続けていながら、それがまったく業績向上（売上増加等）に結びついていないなど、上記の懸念がすでに現実のものとなっています。

(注1) 回転差資金
　商品代金の支払期限が、売上代金の回収期日よりも先であることによって生ずる余裕資金のことを指します。最寄品小売業の場合、売上の大半は現金なので、仕入代金の支払期間が長ければ長いほど、回転差資金が増え資金繰りが楽になり、出店資金や仕入資金に回す余裕がでてきます。

5 損益計算書だけでは撤退の決断は困難

　多店舗展開を行っている企業の設備投資判断において注意すべきことは、損益計算書だけ見ていたのでは、「当期純利益」が計上されている間は撤退の決断が難しいことです。

　しかし、キャッシュフローを冷静に分析していれば、本事例A商店の「設備投資効率」の悪さは一目瞭然であり、現状の延長線上で投下資金を回収することは困難との結論に容易に到達します。

6 多店舗展開の合理性は、投下資金と獲得キャッシュフローにより判断

　A商店のような多店舗展開企業に関する投資評価は、投資金額と獲得されたキャッシュフロー、すなわち「投資とリターンの関係」として判断することが有効です。

　また、A商店の上記キャッシュフローの推移をみると、売上横ばい状況下における在庫の急増など、販売業としての基本的要素、すなわち、商品管理能力や店舗運営力などについての問題点が容易に発見できます。

事例2 多店舗展開小売業にかかわる戦略上の課題(2)

キャッシュフローから見たＢ商事の戦略　　　（単位：万円）

	Y1期	Y2期	Y3期	Y4期	Y5期
営業活動ＣＦ					
税金等調整前利益	26	373	1,006	1,576	1,631
減価償却費	470	292	1	666	1,125
売上債権の増加額(a)	283	△21	△656	△1,092	△36
棚卸資産の増加額(b)	△1,095	△1,365	△3,102	△5,447	△6,628
仕入債務の増加額(c)	1,853	2,669	3,495	7,398	1,513
役員賞与の支出額		△15	△18	△26	△25
営業ＣＦ計	1,537	1,933	726	3,075	△2,420
投資活動ＣＦ					
有価証券の取得支出	△26	72	△438	△1,513	△3,062
有形固定資産の増加	**△172**	**△1,859**	**△1,919**	**△2,959**	**△8,614**
投資ＣＦ計	△198	△1,787	△2,357	△4,472	△11,676
フリーキャッシュフロー	1,339	146	△1,631	△1,397	△14,096
財務活動ＣＦ					
借入金の純増加額	186	3,118	1,807	4,129	4,482
配当金の支払額	△69	△86	△140	△208	△326
財務ＣＦ計	117	3,032	1,667	3,921	4,156
現金・同等物の増加額	1,456	3,178	36	2,524	△9,940
売上高（参考数値）	99,000	123,000	165,000	210,000	265,000

❶キャッシュフロー状況

　　Ｂ商事も多店舗展開によって業容を急拡大させている企業で、損益計算書の「売上高」「税金等調整前利益」ともに順調に増加しており、損益計算書を見る限り問題のない優良企業とみられます。

　　しかし、「フリーキャッシュフロー」は、マイナスになる決算期が多く、特にY5期はキャッシュフローのマイナス幅が拡大しており、資金的には安泰とはいえない状況がうかがえます。

　　Ｂ商事の「フリーキャッシュフロー」がマイナスになる原因は、多店舗展開の

ため多額の「設備投資（有形固定資産の増加）」を行っているためですが、前事例のA商店と大きく異なる点は、B商事が新規出店によって急速に売上規模を拡大し業績向上に結びつけていることです。

❷企業間信用による運転資金の節約

営業活動によるキャッシュフローの内訳で目立つ項目は、「棚卸資産の増加」に対応した「仕入債務の動き」です。

しかし、これについてもA商店の事例と異なり、B商事は当該資金をY4期まで「仕入債務の増加」、すなわち、企業間信用によって賄っており、このことが増加運転資金の発生（必要性）につながらず、資金ポジションの悪化が避けられていた原因となっています。

しかし、さすがにY5期は毎期続いてきた多額の棚卸資産増加を企業間信用によって完全にカバーすることができず、フリーキャッシュフローのマイナスが拡大しています。

❸設備投資とキャッシュフローの関係から経営者の投資姿勢を読み取る

一般論として、設備投資（有形固定資産の増加）は「営業活動によるキャッシュフロー」の範囲において行われることが望ましいといわれています。

しかし、B商事の設備投資額は、Y3期以降、ほぼ営業キャッシュフローを上回っています。これは経営者の拡大志向が極めて強く、B商事の事業規模拡大のスピードが非常に速いことを表しています。

❹多店舗展開のスケールメリットを追求するためには持続的な出店が必要

B商事について注意すべき点は、積極的な設備投資によって、借入が急速に増加していることです。

キャッシュフロー計算書を見る限り、B商事は多店舗展開によるスケールメリットを追求するため、今後とも毎期相当額の出店（設備投資）を続けると考えられるため、現状のキャッシュフロー体質の改善はB商事の戦略にとって極めて重要といえます。

❺在庫管理の徹底による運転資金管理の重要性

「現在B商事は順調に売上が拡大し、回転差資金も相当生み出されていますが、仮に何らかの事情によって新規出店にブレーキがかかり、売上が減少局面になった場合には、資金不足が拡大する恐れがあります。

このため、在庫管理の徹底（売れ筋管理）による運転資金の節約が、B商事が継続的に新規出店による拡大政策を続けていくうえで重要なポイントになります。

❸ 地方の多店舗展開企業が目指す方向性

　一般的に繁盛している店とは、来店客が多く売上規模が大きい店舗をイメージすると思いますが、それを店舗運営の観点で定義すると「(店舗)売場面積当たりの販売額」が多い店のことを指します。

　しかし、身近の百貨店をイメージしていただくと理解しやすいと思いますが、「店舗売場面積当たりの販売額」を増やそうとした場合、「売場面積当たりの経費」もそれにつれて高くなることが通常であり、必ずしも繁盛している店（売場面積当たりの販売額が多い店）の利益率が高いということにはならないのです。

　さらに、店舗販売は立地による影響が大きく、売場面積当たり高い販売額を実現するためには、それなりの好立地が必要になります。しかし、そもそも地方においてそのような好立地は非常に限られています。

　このため、地方において多店舗展開を行う場合は、店舗数の増加にともなって売場効率が低下することは避けられず、地方で規模拡大（多店舗展開）による競争力の強化を目指す企業は、それほど売れなくとも利益が上がる仕組みを作ることが必要になるのです。

　すなわち、地方における多店舗展開企業は、「売場面積当たり販売額」が低くても運営できる店舗の仕組みを構築することによって、「坪当たり利益」を維持する仕組み（店舗オペレーション）を確立することが必要なのです（第3章事例「小売業の経営指標の見方」参照）。

　そしてその際、見逃してはならないポイントが、地方企業のほとんどが「商品力の弱さ」という弱点を抱えていることであり、このゆえに競争力に勝る大手競合店の新規出店（地域小売業者の営業エリアに大手小売業者が新規に進出・出店してきた場合）に対抗できないケースが多く、店舗の移転または閉鎖（店舗リストラ）を迅速に行う能力と仕組みを同時に達成する必要があるということです（店舗出店コストの徹底した合理化・標準化）。

MEMO

MEMO

---- 著者略歴 ----

山越 輝雄（やまこし・てるお）

昭和54年横浜国立大学経済学部卒、八十二銀行入行。融資部主任調査役、企業調査グループ長を歴任した後、独立。平成17年9月株式会社長野企業コンサルティングを設立し、地元企業に対する経営診断および事業再生に携わるかたわら財務関係の講演・研修活動を行っている。また、長野不動産経営研究所代表として不動産管理を手がけるなど、多方面に活動している。

主要著書：『金融円滑化法対応ハンドブック』（ビジネス教育出版社）、『財務3表徹底理解コース』（通信教育、ビジネス教育出版社）、『決算書の実態修正方法』（明日香出版社）等。

融資判断力をアップする 稟議書の作り方

2011年10月20日　初版第1刷発行
2025年6月1日　2版第3刷発行

著　者　山　越　輝　雄
発行者　延　對　寺　哲
発行所　㈱ビジネス教育出版社

〒102-0074　東京都千代田区九段南4-7-13
電話 03(3221)5361(代表)／FAX 03(3222)7878
E-mai▶info@bks.co.jp　URL▶http://www.bks.co.jp

落丁・乱丁はお取り替えします。　　印刷・製本／㈱啓文堂

本書のコピー、スキャン、デジタル化等の無断複写は、著作権法上での例外を除き禁じられています。購入者以外の第三者による本書のいかなる電子複製も一切認められておりません。

ISBN978-4-8283-0410-6